JN076146

2024～
2025

特別会員
証券
外務員

学習テキスト

［一種・二種対応］

J-IRIS●編

ビジネス教育出版社

このテキストについて

◆本書中の『2024年版　特別会員外務員必携（電子書籍）』からの転載、又は参照とした箇所の著作権は、日本証券業協会にあります。

◆本書の内容に関する一切の責は、株式会社日本投資環境研究所及び株式会社ビジネス教育出版社に帰属します。
内容についてのご不明な点は、ビジネス教育出版社までお問い合わせ下さい。

◆本書の内容は、2024年4月1日時点の法令諸規則等に則したものです。

◆本書は、「特別会員一種 外務員（証券外務員）資格試験」及び「特別会員二種 外務員（証券外務員）資格試験」を受験される方のための学習教材です。各試験の出題範囲の中から、頻出の内容をもとに構成しています。

◆試験制度や法令諸規則等の変更及び誤植等に関する情報につきましては、ビジネス教育出版社ホームページにて随時ご案内致しますのでご確認ください（https://www.bks.co.jp）。

～ はじめに ～

　特別会員外務員（特別会員証券外務員）資格試験は、特別会員の外務員として持つべき知識について問う試験です。試験に合格するためには、日本証券業協会の『特別会員外務員必携（電子書籍）』（以下『必携』）の理解が必要となります。しかし、約700ページある『必携』を読み込み、その内容を理解するには、膨大な労力を要します。

　本書『2024～2025　特別会員　証券外務員　学習テキスト』は、過去に出題された問題や制度の改正を踏まえ、単元ごとに『必携』を要約し、ポイントをまとめた参考書です。

　試験では、「金融機関による有価証券関連業務の基礎的知識があるか」「近年特に重要視されているコンプライアンスについて理解しているかどうか」などが問われます。

　具体的には、業務分野からは主に「債券業務」や「投資信託及び投資法人に関する業務」が出題されます。

　一方、コンプライアンスについては、有価証券に関する基本法である「金融商品取引法」や「日本証券業協会定款・諸規則」等の内容が問われます。これらの法令等の目的が、「投資者保護」にあることを前提にすれば、理解しやすいでしょう。

　なお、一種を受験される方は一種特有の分野、「先物取引」、「オプション取引」、「特定店頭デリバティブ取引」等についての学習も必要です。抜けや漏れがないよう、目次等でご確認ください。

　重要語句の暗記用に添付した赤シートを、ご利用ください。

　『学習テキスト』を一読したあとは、同シリーズの『2024～2025　特別会員　証券外務員［一種］対策問題集』又は『2024～2025　特別会員　証券外務員［二種］対策問題集』を活用することをお薦めします。問題を解いてから、不正解だったところや知識があいまいだったところを中心に、再び『学習テキスト』により内容を確認することで、理解を深めていただきたいと思います。

　本書と問題集を有効に活用して、特別会員外務員資格試験合格をぜひ勝ち取ってください。

2024年6月
日本投資環境研究所

特別会員一種及び二種外務員資格試験の概要は、以下のとおりです。

	【一　種】	【二　種】
受　験　資　格	①特別会員である登録金融機関の役職員及びその採用予定者 ②特別会員の支配会社（いわゆる純粋持株会社）の役職員及びその採用予定者 ③協会が承認した特別会員の関連会社の役職員 ④金融商品仲介業者の役職員及びその採用予定者	
受　験　手　続　き	受験申込みの手続きは、すべて特別会員の担当部門が行います。	
試　験　形　式	①○×方式　②四肢選択方式	
出　　題　　数	合計45問 （○×方式25問、四肢選択方式20問）	合計26問 （○×方式12問、四肢選択方式14問）
配　　　　　点	○×方式１問５点　四肢選択方式１問10点	
試　験　方　法	試験の出題、解答等はすべてPCにより行われます。 操作はマウスを使用します（電卓はPCの電卓を用います）。 なお、筆記用具や携帯電話の持ち込みは禁止されています。	
試　験　時　間	１時間40分	１時間10分
合否判定基準	325点満点のうち７割（230点）以上の得点で合格です。	200点満点のうち７割（140点）以上の得点で合格です。
合　否　結　果	試験日の２営業日後に、担当者に通知されます。 なお、不合格の場合、不合格となった試験の受験日の翌日から起算して30日間は受験することができません。	

出題科目

試験の出題科目は、以下のとおりです。

		予想配点	
法令・諸規則	○金融商品取引法 ○金融商品の勧誘・ 　販売に関係する法律 ○協会定款・諸規則	●一種 110点 325点	●二種 85点 200点
商　品　業　務	○債券業務 ○CP等短期有価証券業務 ○投資信託及び 　投資法人に関する業務【※】 ○その他の金融商品取引業務 ○デリバティブ取引 　（一種のみ）	●一種 195点 325点	●二種 95点 200点
関　連　科　目	○証券市場の基礎知識 ○セールス業務	●一種 20点 325点	●二種 20点 200点

【注】上記には、取引所定款・諸規則、証券投資計算、証券税制を含みます。

【※】投資信託及び投資法人に関する法律を含みます。

本書の使い方

『証券外務員』シリーズは、「覚えるべきポイントを絞り込み、確実に習得すること」をねらいとしています。

1 章扉を確認しましょう

各章（科目）から出題される問題数と配点傾向をチェックすることによって、勉強時間を効率的に配分することができます。さらに、押さえておくポイントをチェックすることで、予習効果が期待できます。

2 各章ごとに内容を理解していきましょう

試験に出題される傾向の高い部分を抽出したシンプルな構成となっています。重要事項は赤太字や黒太字で示し、特におさえておくべき項目については、2つのアイコンで表示しています。

≪アイコンの種類≫

重要	試験での頻出度が高く、理解を深めておきたい大切な項目です
注意	語句の入れ替え問題や引っかけ問題の事例を取り上げています。試験に出やすいため、チェックしておきましょう

3 演習問題に挑戦しましょう

テキストの内容の理解を深めるために、各章の最後に演習問題として○×問題を掲載しています。さらに、計算問題が出題される科目については、計算問題編として説明文の後に掲載しています。

つまずいたところを見直して、確実に実力をつけていきましょう。

無料講義（ポイント解説と10点問題〈四択〉対策） 購読者特典

　本書購読者は、特典として『インターネット無料講義』を視聴することができます。

　これは、監修者による効率的な学習のためのポイントと配点10点の四肢選択問題の対策を解説した講義映像です。

　講義は、当社（ビジネス教育出版社）のホームページ上にて、視聴することができます。

使 い 方

①当社ホームページ
　「インターネット講義」にアクセス
　→ https://www.bks.co.jp/net-seminar

②本書の表紙画像をクリックし、ログイン画面で受講に必要な下記のIDとパスワードを入力（半角英数）※アルファベットは小文字。

ID（名前）：2024tk
パスワード：1082

●収録講義は科目ごとに独立しているので、視聴したい科目のみ選択して受講することができます。
●講義の視聴回数に制限はありません。
●詳しくは、当社ホームページをご覧ください。

収録テーマ一覧
（講義時間　一種：約90分／二種：約70分）

収録テーマ	一種	二種
特別会員外務員試験の概要と合格の秘訣	○	○
証券市場の基礎知識	○	○
金融商品取引法	○	○
金融商品の勧誘・販売に関係する法律	○	○
協会定款・諸規則	○	○
投資信託及び投資法人に関する業務	○	○
セールス業務	○	○
債券業務	○	○
CP等短期有価証券業務	○	○
その他の金融商品取引業務	○	○
デリバティブ取引の概説	○	
デリバティブ取引の商品	○	

※インターネット講義の動画再生はYoutubeのサービスを使用しております。
＜推奨環境＞
■YouTube推奨環境
　YouTube 動画を見るには、以下の環境が必要です。
　　Google Chrome、Firefox、MS Edge、Safari、又は Opera
　　500 Kbps 以上のインターネット接続
■映像が閲覧できない場合は、「Youtubeのシステム要件」をご確認ください。

目　　次

第1章
証券市場の基礎知識

「間接金融」と「直接金融」の相違及び証券市場における「発行市場」と「流通市場」の相違については確実に理解しましょう。また、投資者保護の項目や、公的機関である「証券取引等監視委員会」について、また、「サステナブルファイナンス」について理解しましょう。

一種（10点）	
○×	四肢選択
2問	―

二種（10点）	
○×	四肢選択
2問	―

予想配点

1 金融システムと証券市場

1．金融市場の機能

　各経済主体（家計・企業・政府）は、経済活動を営むに当たって資金の調達・供給・運用を行っている。経済主体間の資金需要額と供給額は、全体としては一致するが、**部門別では必ずしも一致しない**。

2．金融市場の分類

　金融市場は、大きなくくりでいえば、不特定多数の参加者が取引する市場型取引市場と、預金者と銀行など、特定の参加者の間で取引する相対型取引市場に分かれる。

金融市場	市場型取引市場	証券（株式・公社債等）の発行→取得（購入）→流通（売買＝資金供給者の交替）という証券市場（市場取引）
	相対型取引市場	銀行・信託銀行（あるいは信託会社）・保険会社等の金融機関を通じて、預金等→貸付け（又は証券等の保有）、又は金融機関同士の間での貸借取引（相対取引）

3．金融の二つのチャネル（直接金融と間接金融）

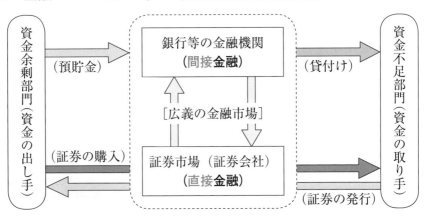

　資金供給者（出し手）から資金需要者（取り手）に資金が流れるチャネル（経路）は、次の２つに大別される。

重要

直接**金融**	**証券市場**を通じるもの （株式の発行・債券の発行によるもの）
間接**金融**	銀行・保険会社等の**金融機関**を通じるもの

　直接金融と間接金融の相違は、資金の最終的出し手と資金の最終的取り手との間に、銀行等の金融仲介機関が介在するかどうかによって区別されるのが一般的である。**間接金融では金融仲介機関が資金回収にかかわるリスクを負うのに対して、直接金融では資金の最終的出し手（投資者）がリスクを負う。**

> **＜市場型間接金融＞**
> 　金融機関が、資金供給者から預かった資金を直接企業に融資するのではなく、公開市場で証券（社債、CP、証券化商品など）に投資することを意味する。
>
> 　**金融機関による証券取得は、**間接金融**に分類される。**

4．銀行と証券会社

銀行等の 金融機関	・集めた資金をその金融機関が自らの責任で管理運用し、得た果実を利子等の形で資金の供給者（預金者）に還元する ・個別の金融機関の信用や経営の健全性が重視される
証券会社	・資金の供給者のために投資に関する各種の情報提供、勧誘行為等は行うが、**証券を取得する判断と責任はすべて供給者（投資者）に帰属する** ・取引の自由と透明性を確保するためのディスクロージャー制度や、公正な市場取引を確保するための「市場のルール」が、市場の基盤として重視される

　銀行、証券ともに、資金の出し手と取り手の間に立って、資金移転等の仲介機能を果たしている。

2 証券と証券市場の仕組み

1．証券とは

　証券又は有価証券とは、一般的に財産権を表章し、それに記載された権利の移転（譲渡）に当たって交付が必要となる証券のことである。このうち狭義の有価証券は、証券市場での取引の対象となる資本証券を指す。

　資本証券には、株券、債券など投資に伴う諸権利請求権証券がある。

2．発行市場と流通市場

　証券市場は、機能面から発行市場と流通市場に分類される。

発行市場	資金調達の目的で新規に発行される証券を、発行者から直接あるいは仲介者を介して投資者が第1次取得する市場
流通市場	取得されて既発行となった証券が第1次投資者から第2次、第3次の投資者に転々と流通（売買）する市場

　発行市場にとっては、公正で継続的な価格形成と換金の可能性が高い（流動性が高い）流通市場が不可欠であり、**両市場は有機的に結びついている**。

注意
「発行市場と流通市場は、別々の市場であり、お互いに影響を及ぼすことはない」と出題されると誤り。両市場は、有機的に結びついている。

3．取引所取引と店頭取引

　流通市場は、取引所取引と店頭（over the counter：OTC）取引に分類される。

取引所取引	金融商品取引所が開設する金融商品市場（取引所金融商品市場）における売買
店 頭 取 引	金融商品市場（取引所金融商品市場）以外の市場 （店頭市場、証券会社が営むPTS）

4．金融商品取引業

　金融商品取引法（以下「金商法」という）では、これまでの証券業は金融先物取引業などと併せて金融商品取引業と規定されている。

　また、金融商品取引業者の中心的な業務には、委託業務や引受け及び募集・売出し業務等があり、**内閣総理大臣の**登録を受けた者でなければ、金融商品取引業を行ってはならないと定められている。

◎内閣総理大臣の登録等

認　　可	投資者保護基金（内閣総理大臣及び財務大臣） 私設取引システム（PTS）運営業務
登　　録	金融商品取引業、投資運用業、金融商品仲介業、元引受け業務、店頭デリバティブ取引業務など、金融商品取引業のほとんどの業務

注意

「店頭デリバティブ取引業務は、内閣総理大臣の認可が必要である」と出題されると誤り。監督官庁の許認可（免許、認可、登録、届出など）についての入れ替えに注意すること。なお、証券業務の多くは「登録」である。

5．投資者保護

　金商法上の投資者保護は、**投資対象となる有価証券の価格を保証したり、株式の配当を**約束するものではなく、**証券投資に関する情報を正確かつ迅速に投資者が入手でき、また、不公正な取引の発生から投資者を回避させる**ことが基本となる。

注意

「金融商品取引法上の投資者保護は、投資対象となる有価証券の価格を保証したり、株式の配当を約束するもの**である**」と出題されると誤り。

　投資者は、自己の判断と責任で投資行動を行い、その結果としての損益はすべて投資者に帰属することになる。これを、いわゆる自己責任原則という。

6．主要証券関係機関

（1） 公的規制機関と自主規制機関

　金融商品取引業界には、証券取引等監視委員会に代表される公的規制機関のほかに、「自主規制機関」と呼ばれる特有の業界団体がある。

　証券取引等監視委員会は、金融庁長官から一定の権限の委任を受け、主に、日常的な市場監視や業者に対する検査、有価証券報告書等についての検査、課徴金調査、犯則事件の調査等を行う。

公的規制機関	自主規制機関
証券取引等監視委員会	各金融商品取引所 **日本証券業協会** 投資信託協会
証券検査、犯則事件の調査が主な業務。インサイダー取引や、有価証券報告書の虚偽記載など、市場や取引の公正を損なう行為についての強制調査権が付与され、**違反者は捜査当局に告発される**	広範な自主規制の権限を金融商品取引法によって付与され、定款・諸規則等において細かな規定が設けられている

注意

　「証券取引等監視委員会は、証券検査、取引調査、開示検査及び犯則事件の調査を主な業務としている」と出題されると正しい。

（2） 証券保管振替機構

　証券保管振替機構は、国債以外**の有価証券の決済及び管理業務を集中的に行う日本で唯一の証券決済機関で、「社債、株式等の振替に関する法律」に基づき、有価証券の振替制度を運営している。**

　一般的には「ほふり」と呼ばれている。

　＜預金者保護＞

　　預金は、いわゆる元本保証、つまり、銀行が元利金を保証している。

　　預金者保護は、銀行の経営破綻から生じる預金の返済不可能というリスクを回避するのが基本であり、銀行の信用や経営の健全性が重視され、返済不可能な事態が現実に発生した場合は、銀行の合併や預金保険制度を通じて預金、特に零細預金の保護を図ることとなる。

（3）　投資者保護基金

　投資者保護基金は、**証券会社の経営破綻により**、金銭、有価証券等を寄託している**顧客が被る損失を補償**するなどの業務を行うことにより、投資者の保護を図り、証券取引に対する信頼性を維持することを目的とした基金である。

重要

> 　補償対象は、**機関投資家等のプロを除く顧客**の預り資産で、補償限度額は、**顧客1人当たり1,000万円**とされている。

（4）　日本銀行

　日本銀行は日本の中央銀行であり、主な機能として次の3つがあげられる。

> ①発券銀行（日本銀行券を発行する）
> ②銀行の銀行（金融機関との間で預金・貸し出し等の取引を行う）
> ③政府の銀行（政府の委託を受けて国庫事務や国債発行業務、外国為替業務を行う）

　また、実行される金融政策は、次のとおりである。

> ①政策金利操作
> ②公開市場操作
> ③預金準備率操作　　　　　　　　　　　　　　　　　　　　　　　　など

　日本銀行の金融政策の目的には、**物価の安定**と**金融システムの安定**がある。

7．証券市場を巡る環境変化
（1）　新規参入

　金融商品仲介業は、一般事業会社や個人も参入することができ、**銀行も金融商品の仲介を行うことができる。**

注意
「銀行は、金融商品の仲介は行えない」と出題されると誤り。銀行も、金融商品の仲介を行うことができる。

（2）　投資信託の拡大

　投資信託は、証券会社だけでなく、銀行や郵便局等で販売されている。

１．拡大するサステナブルファイナンス

2006年にPRI（Principles for Responsible Investment＝責任投資原則）が発足した。

PRIは機関投資家にESG投資、つまり**環境**（Environment）、**社会**（Social）、**ガバナンス**（Governance）の３つの要素（ESG要素）を投資決定に組み込むことを求めている。

> 注意
>
> 「サステナブルファイナンスのうち、教育（Education）、社会（Social）、ガバナンス（Governance）の３つの要素を投資決定に組み込むことをESG投資という」と出題されると誤り。ESGのEは、教育（Education）ではなく、環境（Environment）である。

2015年に国連総会でSDGs（Sustainable Development Goals＝持続可能な開発目標）が採択された。

金融庁においてもサステナブルファイナンスの推進が提言されている。

サステナブルファイナンスは、特定の金融商品や運用スタイルを指す言葉ではなく、**持続可能**な社会を支える金融の制度や仕組み、**行動規範**、**評価手法等の全体像**を指す。

2．サステナブルファイナンスの代表的な投資手法

ESG要素を考慮した投資手法（7分類）

投資手法	概要
ESGインテグレーション	運用機関が、環境、社会、ガバナンスの要因を、財務分析に体系的かつ明示的に組み込むこと。
コーポレートエンゲージメントと議決権行使	企業行動に影響を与えるために株主の権利を用いること。これには直接的なコーポレートエンゲージメント（経営陣や取締役会とのコミュニケーション）、単独あるいは共同の株主議案提出、包括的なESGガイドラインに沿った委任状による議決権行使などがある。
国際規範に基づくスクリーニング	国連、ILO、OECD、NGO（トランスペアレンシー・インターナショナルなど）が公表する国際的規範に基づいて、企業の事業や発行体の活動を最低限の基準と照らし合わせてスクリーニングすること。
ネガティブ/除外スクリーニング	**投資対象外と考える活動に基づいて、特定のセクター、企業、国、その他の発行体を、ファンドやポートフォリオから除外すること。**（規範や価値観に基づく）除外基準には、例えば、製品カテゴリー（例：武器、タバコ）、企業活動（例：動物実験、人権侵害、汚職）、問題のある事業行為（controversies）などが該当する
ポジティブ/ベストクラス・スクリーニング	同業他社比でESGパフォーマンスが優れており、定められた閾値以上の評価を達成したセクター、企業あるいはプロジェクトへの投資。
サステナビリティ・テーマ型投資	環境・社会での持続可能な解決策に、具体的に貢献するテーマや資産への投資（例：持続可能な農業、グリーンビルディング、低炭素ポートフォリオ、ジェンダー平等、ダイバーシティ）。
インパクト/コミュニティ投資	インパクト投資 社会、環境にポジティブな影響を与えるための投資。そのインパクトを測定して報告し、投資家と投資対象資産/企業がその意図を明示して、また、投資家が貢献結果を示すことが必要。 コミュニティ投資 十分なサービスを受けていない個人やコミュニティに資金を提供する、あるいは社会・環境について明確な目的を持った事業に資金を提供する投資。一部のコミュニティ投資はインパクト投資でもあるが、コミュニティ投資はより幅広いものであり、他の形態の投資やコミュニティを対象とした融資活動なども含む。

注意

「ESG要素を考慮する手法として、特定の業界や企業、国などを投資対象から除外するネガティブ・スクリーニングがある」と出題されると正しい。

３．ESG関連金融商品

　ESG要素を考慮した投資信託や、環境や社会課題に資するプロジェクトに資金が使われる債券など、サステナブルファイナンスの推進に資する金融商品も増えている。

（１）　ESG要素を考慮した投資信託

　ESG投信とは、投資信託の名称若しくは愛称、有価証券届出書の「ファンドの特色」に原則としてESG、SRI、環境、企業統治、CSR、SDGs、社会課題の解決、インパクト投資、女性活躍、人材のいずれかの語、又はそれに類する語が含まれるものをいう。

　こうしたESG投信の新規設定が増加していることが指摘されている。

　また、東京証券取引所に上場するETF及びETNにも、ESGの要素を考慮していると考えられる指標に連動するものが増えている。

（２）　SDGs債（資金使途を限定して発行する債券）

①グリーンボンド

　環境にポジティブなインパクトを与えるプロジェクトに資金使途を限定して発行

②ソーシャルボンド

　社会にポジティブなインパクトを与えるプロジェクトに資金使途を限定して発行

③サステナビリティボンド

　環境にも社会にもポジティブなインパクトを与えるプロジェクトに資金使途を限定して発行

（3） SDGs債（資金使途を限定しないで発行する債券）

①サステナビリティ・リンク・ボンド

サステナビリティ・リンク・ボンドは、SDGs債のように資金使途を限定しない代わりに、発行体が自らのサステナビリティ戦略に基づくKPI（Key Performance Indicator＝重要業績評価指標）を投資家に対し明示し、KPI毎に１つ若しくはそれ以上のSPT$_{(s)}$（Sustainability Performance Target$_{(S)}$）を設定した上で、SPTの達成状況に応じて利払いや償還等の条件を変える債券である。発行体がSPT$_{(s)}$を達成できなかった場合、発行体は投資家に金利を多く支払う（若しくは償還金を多く支払う）ことが一般的である。

> **注意**
>
> 「環境や社会的課題に資するプロジェクトに資金が使われる債券を、<u>サステナビリティ・リンク・ボンドという</u>」と出題されると誤り。この債券は、<u>サステナビリティボンド</u>である。

②トランジション（移行）ボンド

トランジションボンドは、脱炭素化に時間を要する、温室効果ガスを大量に排出する産業（鉄鋼、化学、電力、ガス、石油、セメント、製紙・パルプ等）の利用を想定したものである。

パリ協定に整合的な中・長期目標を策定し、その目標を達成するための計画、ガバナンス体制を構築すること等を投資家に開示し、トランジションボンド発行による資金調達が自社の脱炭素化に必要であると示すことが求められる。

４．ESG評価・データ提供機関に係る行動規範

金融庁は、2022年12月に「ESG評価・データ提供機関に係る行動規範」を公表した。

原則１ 品質の確保	ESG評価・データ提供機関は、提供するESG評価・データの品質確保を図るべきであり、このために必要な基本的手続き等を定めるべきである。
原則２ 人材の育成	ESG評価・データ提供機関は、自らが提供する評価・データ提供サービスの品質を確保するために必要な専門人材等を確保し、また、自社において、専門的能力の育成等を図るべきである。
原則３ 独立性の確保・ 利益相反の管理	ESG評価・データ提供機関は、独立して意思決定を行い、自らの組織・オーナーシップ、事業、投資や資金調達、その他役職員の報酬等から生じ得る利益相反に適切に対処できるよう、実効的な方針を定めるべきである。 利益相反については、自ら、業務の独立性・客観性・中立性を損なう可能性のある業務・場面を特定し、潜在的な利益相反を回避し、又はリスクを適切に管理・低減するべきである。
原則４ 透明性の確保	ESG評価・データ提供機関は、透明性の確保を本質的かつ優先的な課題と認識して、評価等の目的・基本的方法論等、サービス提供に当たっての基本的考え方を一般に明らかにするべきである。また、提供するサービスの策定方法・プロセス等について、十分な開示を行うべきである。
原則５ 守秘義務	ESG評価・データ提供機関は、業務に際して非公開情報を取得する場合には、これを適切に保護するための方針・手続きを定めるべきである。
原則６ 企業とのコミュニケーション	ESG評価・データ提供機関は、企業からの情報収集が評価機関・企業双方にとって効率的となり、また必要な情報が十分に得られるよう、工夫・改善すべきである。 評価等の対象企業から開示される評価等の情報源に重要又は合理的な問題提起があった場合には、ESG評価・データ提供機関は、これに適切に対処すべきである。

５．証券業界とSDGs

証券業界では、次の３つのテーマを設け、を推進している。

①サステナブルファイナンスの普及・促進に関する取組み

「サステナブルファイナンス推進宣言」を公表している。

②働き方改革・ダイバーシティ推進に関する取り組み

③子どもの貧困問題の解決に向けた取組み

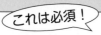

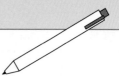

◎演習問題◎

次の文章について、正しい場合は○、正しくない場合は×にマークしなさい。

1. 銀行等の金融機関を通じるものは直接金融であり、証券市場を通じるものは間接金融である。

2. 企業の資金調達方法のうち、株式の発行や債券の発行によるものは直接金融に区分される。

3. 発行市場と流通市場は別々の市場であり、お互いに影響を及ぼすことはない。

4. 金融商品取引法上の投資者保護は、投資対象とする有価証券の価格を保証するものである。

5. 銀行は、金融商品の仲介は行えない。

6. 店頭デリバティブ取引を金融商品取引業者が行う場合には、内閣総理大臣（金融庁長官）の認可が必要である。

7. 証券取引等監視委員会は、インサイダー取引や損失補填等の公正を損なう行為についての強制調査権が付与されている。

8. 証券保管振替機構は、国債の決済及び管理業務を集中的に行う日本で唯一の証券決済機関である。

9. サステナブルファイナンスのうち、環境（Environment）、社会（Social）、ガバナンス（Governance）の3つの要素を投資決定に組み込むことをESG投資という。

10. サステナブルファイナンスは、特定の金融商品や運用スタイルを指す言葉ではなく、持続可能な社会を支える金融の制度や仕組み、行動規範、評価手法等の全体像を指す。

11. ESG要素を考慮する手法として、特定の業界や企業、国などを投資対象から除外するネガティブ・スクリーニングがある。

12. 環境や社会的課題に資するプロジェクトに資金が使われる債券を、サステナビリティ・リンク・ボンドという。

解答

1. × 銀行等の金融機関を通じるものは間接金融であり、証券市場を通じるものが直接金融である。
2. ○
3. × 両市場は、有機的に結びついている。
4. × 投資者保護は、投資対象とする有価証券の価格を保証するものではなく、証券投資に関する情報を正確かつ迅速に入手でき、また、不公正な取引の発生から投資者を回避させることである。
5. × 銀行は、金融商品の仲介を行うことができる。
6. × 内閣総理大臣の登録が必要である。
7. ○
8. × 証券保管振替機構は、国債以外の有価証券の決済等を行う。
9. ○
10. ○
11. ○
12. × サステナビリティ・リンク・ボンドは、資金使途を限定せず、発行体が自らのサステナビリティ戦略に基づくKPIを投資家に明示し、KPIごとに1つもしくはそれ以上のSPT（s）を設定したうえで、SPTの達成状況に応じて利払いや償還等の条件を変える債券である。
    なお、問題文は、サステナビリティボンドの記述である。

第2章
金融商品取引法

金融商品取引法は、専門用語が多く、内容も多岐にわたります。金融商品取引業者及び役職員の禁止行為は、すべて覚える必要はなく「投資者保護」の視点から判断しましょう。例外規定があることも論点とされます。市場阻害行為の規制（特に内部者取引）、企業内容等開示制度も覚えておきましょう。

一種（40点）	
○×	四肢選択
4問	2問

二種（30点）	
○×	四肢選択
2問	2問

予想配点

1 総 論

1．金融商品取引法の目的

金融商品取引法（以下「金商法」という）1条は、金商法の目的を次のように規定している。

重要

「この法律は、企業内容等の開示の制度を整備するとともに、金融商品取引業を行う者に関し必要な事項を定め、**金融商品取引所の適切な運営を確保すること**等により、有価証券の発行及び金融商品等の取引等を公正にし、有価証券の流通を円滑にするほか、資本市場の機能の十全な発揮による**金融商品等の公正な価格形成等**を図り、もって**国民経済**の**健全な発展及び投資者の保護**に資することを目的とする。」

ここで、国民経済の健全な発展と投資者の保護は、公正な価格形成が確保されることの結果であることが示されている。

注意

「金商法の目的は、金融商品取引業者の健全な発展である」と出題されると誤り。金商法の目的は、国民経済の健全な発展及び投資者保護に資することである。

2　金商法上の有価証券

重要

◎金商法上の有価証券

　金商法では、有価証券を列挙しているが、約束手形や小切手は、含まれない。

注意

「約束手形や小切手は、金融商品取引法上の有価証券である」と出題されると誤り。

第一項有価証券 （旧来の有価証券）	**国債**証券、地方債証券、社債券、**株券**、新株予約権証券、**投資信託**の受益証券、投資法人の投資証券、貸付信託の受益証券、抵当証券　など
第二項有価証券 （みなし有価証券）	信託の受益権、合名会社・合資会社・合同会社の社員権、**集団投資スキーム**（ファンド）**持分**、収益分配を受ける権利を有する者が出資した暗号等資産[※]（金銭とみなす）　など

【※】いわゆる「仮想通貨」のこと

　なお、有価証券に表示されるべき権利は、登録債券、振替社債、株券不発行株式、証券不発行の新株予約権など、**その有価証券が発行されていなくても、その権利を有価証券とみなす。**

3．デリバティブ取引及び金融商品・金融指標

　金商法の適用対象には、有価証券のほかに有価証券から派生する一定のデリバティブ取引が含まれる。

　デリバティブ取引の基礎となる原資産を金融商品といい、これには有価証券のほかに通貨、商品なども含まれる。

◆**金商法の適用対象となるデリバティブ取引**

市場デリバティブ取引	金融商品市場において、金融商品市場を開設する者の定める基準及び方法に従って行われる取引をいう 金融商品・金融指標の先物取引、オプション取引、スワップ取引、**商品関連市場デリバティブ取引**、クレジット・デリバティブ取引が含まれる
店頭デリバティブ取引	市場デリバティブ取引と同様の取引を、金融商品市場及び外国金融商品市場によらないで行う取引をいう
外国市場デリバティブ取引	外国金融商品市場において行う取引であって、市場デリバティブ取引と類似の取引をいう。ただし、商品等に係る取引は含まれない

2　金融商品取引業者

1．金融商品取引業者とは
　金融商品取引業者とは、**内閣総理大臣**の登録を受け、金融商品取引業を営む者をいう。

2．金融商品取引業の意義
（1）　金融商品取引業の内容
　金融商品取引業とは、次に掲げる行為等を業として行うことをいう。
　①有価証券の売買、市場デリバティブ取引又は外国市場デリバティブ取引
　　自己の計算で行う取引（自己売買）
　②有価証券の売買、市場デリバティブ取引又は外国市場デリバティブ取引
　　の**媒介、取次ぎ又は代理**

◆媒介、取次ぎ、代理とは　重要

媒　介	他人間の取引の成立に尽力することをいう
取次ぎ	自己[※1]の名をもって委託者[※2]の計算で有価証券を買い入れ又は売却すること等を引き受けることをいい、ブローカー業務といわれる
代　理	委託者の計算で、委託者の名で有価証券の売買等を行うことを引き受けることをいう

【※1】　自　己：金融商品取引業者、登録金融機関
【※2】　委託者：顧客

注意
取次ぎを「委託者の名をもって自己の計算で…」と出題されると誤り。自己と委託者、取次ぎと代理の入れ替えに注意すること。

　③**店頭デリバティブ取引**又はその取引の媒介、取次ぎ若しくは代理
　④**有価証券の引受け**
　　引受けとは、有価証券の募集若しくは売出し又は私募若しくは特定投資家向け売付け勧誘等に際し、発行体・売出人のためにその販売を引き受ける契約を締結することをいう。

買取引受け	その有価証券の全部又は一部を取得する
残額引受け	売れ残りがあった場合にそれを取得する

引受けのうち、**発行者・売出人から直接引き受けること**を、特に**元引受け**といい、金融商品取引業者が元引受けを行う場合には、第一種金融商品取引業者として**内閣総理大臣の登録**を受けなければならない。

⑤有価証券の売出し 重要

有価証券の売出しとは、既に発行された有価証券の**売付け**の申込み又はその**買付け**の申込みの勧誘のうち、第一項有価証券については、多数の者（**50名以上**）を相手方として行う場合のうち、一定の要件を満たす場合をいう。

⑥有価証券の募集 重要

有価証券の募集とは、新たに発行される有価証券の取得の申込みの勧誘のうち、第一項有価証券については、多数（**50名以上**）の者を相手方として行う場合をいう（特定投資家のみを相手とする場合を除く）。

注意
売出しと募集の入れ替えに注意すること。募集は「新発（新たに発行される）」、売出しは「既発（既に発行された）」の有価証券である。

⑦特定投資家向け売付け勧誘等

多数の者を相手方として行う既発行の第一項有価証券の売付け勧誘等のうち、以下の要件を満たすもので、取引所金融商品市場等における売買取引に係るもの以外をいう。
・特定投資家のみを相手方とすること
・金融商品取引業者が顧客からの委託により又は自己のために行うこと
・取得者から特定投資家等以外の者に譲渡されるおそれの少ない場合に該当すること

⑧私　募

新たに発行される有価証券の取得の申込みの勧誘であって募集に該当しないものをいい、適格機関投資家私募（プロ私募）、特定投資家私募、及び少人数私募がある。
「他の者に譲渡されるおそれが少ないもの」という要件がある。

⑨私売出し

　既に発行された有価証券の勧誘行為であって売出しに該当しないものを
いい、適格機関投資家私売出し、特定投資家私売出し、及び少人数私売
出しがある。

　※私募、私売出しとも「**他の者に譲渡されるおそれが少ないもの**」という要
　　件がある。

⑩従来の保護預り

　有価証券取引等又はデリバティブ取引に関して、顧客から金銭、有価証
券又は電子記録移転権利の預託を受けること。

⑪**私設取引システム（PTS）運営業務**

　有価証券の売買又はその媒介、取次ぎ若しくは代理であって、電子情報
処理組織を使用して、同時に多数の者を一方の当事者又は各当事者とし
て、競売買等の売買価格の決定方法により行うものである。

　金融商品取引業者が私設取引システム（PTS）運営業務を行う場合には、
内閣総理大臣の認可を受けなければならない。

（2）　金融商品取引業の分類

　金商法は、金融商品取引業への参入規制については、原則として登録制と
して以下の4つに分類し、財務の健全性確保、コンプライアンスの実効性、
経営者の資質等について異なった要件を定めている。

> ①第一種金融商品取引業……従来の保護預りを含む証券業、
> 　　　　　　　　　　　　　金融先物取引業等
> ②第二種金融商品取引業……従来の商品投資販売業、信託受益権販売業等
> ③投資助言・代理業……従来の投資顧問業等
> ④投資運用業……従来の**投資一任契約に係る業務**、投資法
> 　　　　　　　　人資産運用業、投資信託委託業**等**

3 外務員制度

1．外務員とは

外務員とは、勧誘員、販売員、外交員その他いかなる名称を有する者であるかを問わず、金融商品取引業者等（登録金融機関を含む。以下同様）の役員又は使用人のうち、その金融商品取引業者等のために一定の行為（有価証券の売買、媒介、取次ぎ、代理、勧誘等）を行う者をいう。

金融商品取引業者等は、**登録外務員**以外の者に、**外務員の職務（外務行為）**を行わせてはならない。

2．外務員の登録

重要

金融商品取引業者等は、外務員の氏名、生年月日その他所定の事項について、内閣府令で定める場所（認可金融商品取引業協会又は認定金融商品取引業協会）に備える**外務員登録原簿**に**登録**を受けなければならない。

注意

「登録外務員以外の者は、営業所内であれば外務行為を<u>行ってもよい</u>」と出題されると誤り。営業所内外を問わず登録外務員以外の者は外務行為が<u>許されない</u>。

内閣総理大臣は、登録の申請に係る外務員が以下のいずれかに該当するとき、又は登録申請書若しくはその添付書類のうちに虚偽の記載があり、若しくは重要な事実の記載が欠けているときは、その登録を**拒否**しなければならない。

1．**欠格事由のいずれかに該当する者**
2．**監督上の処分により外務員の登録を取り消され、その取消しの日から5年を経過しない者**
3．**登録申請者以外の金融商品取引業者等**又は金融商品仲介業者に所属する外務員として**登録**されている者
4．**金融商品仲介業者等に登録されている者**

注意

「外務員登録の取消しの日から<u>3年</u>を経過しない者」と出題されると誤り。<u>5年</u>が正しいが、年数を変えた問題が出題される。

内閣総理大臣は、登録を受けている外務員が以下のいずれかに該当する場合には、その**登録を取り消し**、又は**2年以内の期間**を定めてその**職務の停止**を命ずることができる。

---

1. **欠格事由**のいずれかに該当することとなったとき、又は登録の当時既に欠格事由のいずれかに該当していたことが判明したとき
2. 金融商品取引業のうち外務員の職務又は付随業務に関し法令に違反したとき、又はその他外務員の職務に関して著しく不適当な行為をしたと認められるとき
3. 過去5年間に退職その他の理由により登録を抹消された場合において、当該登録を受けていた間の行為が法令に違反したとき、又は著しく不適当な行為をしたと認められるとき

登録取消し等が行われた場合、外務員に関する登録が抹消される。

注意
「外務員の登録は、どのようなことがあっても<u>取り消されることはない</u>」と出題されると誤り。上記の状態になった場合等には取り消される。

3．外務員の法的地位
（1）　代理権
重要

　外務員は、その所属する金融商品取引業者等に代わって、外務員の職務に関し、**一切の**裁判外**の行為を行う権限**を有するものとみなされる。この結果、外務員の行為の効果は直接金融商品取引業者等に帰属し、金融商品取引業者等は**外務員の負った債務**について**直接履行する責任を**負う。

　金融商品取引業者等は、金商法に違反する悪質な行為を外務員が行った場合に、そうした行為が**代理権の範囲外であること**を理由として**監督責任を免れることはできない。**

（2）　顧客の悪意
　金融商品取引業者等は、外務員の行った営業行為につき責任を負うが、もし**相手方である顧客に悪意があるときは適用**されない。

4 # 登録金融機関業務に関する行為規制

１．一般的義務

（１）　誠実・公正義務

　金融商品取引業者等並びにその役員及び使用人は、顧客に対して誠実かつ公正に、その業務を遂行しなければならない。

（２）　広告規制

　金商法では、金融商品取引業者等が、その行う金融商品取引業の内容について広告等（広告及び広告類似行為）をする場合に、一定の表示を義務付けるとともに、**利益の見込み等について著しく**事実に相違**する表示又は著しく人を**誤認**させる表示をすることを禁止**している。

対象範囲	郵便、信書便、ファクシミリ、**電子メール**、ビラ・パンフレット配布等
表示事項	○手数料等 ○元本損失又は元本超過損が生ずるおそれがある旨、その原因となる指標及びその理由 ○重要事項について顧客の不利益となる事実
表示方法	特にリスク情報については、広告で使用される最も大きな文字・数字と著しく異ならない大きさで表示する

注意

「多数の者に対して同様の内容で行う情報の提供であっても、販売資料は、<u>広告規制の対象とならない</u>」と出題されると誤り。

（３）　書面交付義務及び説明義務

重要

①契約締結前の書面交付義務

　金融商品取引業者等は、金融商品取引契約を締結しようとするときは、あらかじめ、顧客に対し、次に掲げる事項を記載した**書面**（契約締結前交付書面）を交付しなければならない。

　ただし、投資者の保護に支障を生じることがない場合として内閣府令で定める場合は、適用されない。

◆契約締結前の書面交付義務の概要

契約締結前 交付書面の 記載事項	○金融商品取引業者等の商号・名称・住所・登録番号 ○金融商品取引契約の概要 ○手数料・報酬等の金融商品取引契約に関して顧客が支払うべき対価に関する事項であって内閣府令で定めるもの ○顧客が行う金融商品取引行為で、金利、通貨の価格、金融商品市場の相場等の変動により損失が生ずるおそれがあるときは、その旨　　　　　　　等
契約締結前 交付書面の 記載方法	○契約締結前交付書面の内容を十分に読むべき旨及び顧客の判断に影響を及ぼす特に重要な事項を12ポイント以上の文字・数字を用いて最初に平易に記載する ○手数料等の概要、元本損失・元本超過損が生ずるおそれがある旨、クーリング・オフの規定の適用の有無などを枠の中に12ポイント以上の文字・数字で明瞭かつ正確に記載する　　　　　　　　　　等
契約締結前の 書面交付義務 の適用除外	○上場有価証券の売買について、**過去1年以内に包括的な書面**（上場有価証券等書面）を交付している場合 ○**過去1年以内**に同種の内容の金融商品取引契約について契約締結前交付書面を交付している場合 ○顧客に対し契約締結前交付書面に記載すべき事項の全てが記載されている目論見書を交付している場合 等

> **注意**
>
> 「契約締結前交付書面を顧客に交付さえすれば、契約締結前交付書面交付義務を果たしたことになる」と出題されると誤り。顧客の適合性を踏まえた説明義務を履行しなければならない。

> **注意**
>
> 「過去1年以内に上場有価証券等書面を交付している場合であっても、契約締結前書面を交付する義務がある」と出題されると誤り。過去1年以内に包括的な書面（上場有価証券等書面）を交付している場合は、契約締結前の書面交付義務が免除される。

②契約締結時等の書面交付義務

金融商品取引業者等は、金融商品取引契約が成立したときは、**遅滞なく書面**（契約締結時交付書面）を作成し、これを顧客に**交付**しなければならない。

書面交付義務に違反した場合には、**行政処分**の対象になるほか、**違反行為者と法人が処罰**の対象となる。

注意

「書面交付義務に違反すると違反行為者は処罰の対象となるが、法人は行政処分の対象とならない」と出題されると誤り。法人も行政処分、処罰の対象となる。

③暗号資産関連業務に関する特則

金融商品取引業者等は、暗号資産関連業務を行うときは、内閣府令で定めるところにより、暗号資産の性質に関する説明をしなければならない。

④書面による解除（クーリング・オフ）

金融商品取引業者等と政令で定める金融商品取引契約（投資顧問契約）を締結した顧客は、金融商品取引契約に係る書面を受領した日から起算して10日を経過するまでの間、書面により当該金融商品取引契約を解除することができる。

⑤**不招請勧誘の禁止**

金融商品取引業者等は、投資者の保護を図ることが特に必要なものとして政令で定めるもの（**個人向けの店頭デリバティブ取引全般**）の締結の**勧誘の要請をしていない顧客**に対し、訪問し又は電話をかけて、金融商品取引契約の締結を勧誘してはならない。

⑥**顧客の勧誘受諾意思確認義務及び再勧誘の禁止**

金融商品取引業者等は、投資者の保護を図ることが特に必要なものとして政令で定めるもの（金利・通貨等の店頭デリバティブ取引及び市場デリバティブ取引、商品関連市場デリバティブ取引等）の**締結**につき、その勧誘に先立って、顧客に対し、その**勧誘を受ける意思の有無を確認せずに勧誘してはならない。**

また、勧誘を受けた顧客が**契約を締結しない旨の意思を表示したにもかかわらず勧誘を継続してはならない。**

なお、個人向けの店頭デリバティブ取引全般について、不招請勧誘の禁止、顧客の勧誘受諾意思確認義務及び再勧誘の禁止に係る規定の適用対象とされている。

⑦**金融サービス提供法上の説明義務**

金融サービスの提供及び利用環境の整備等に関する法律（以下「金融サービス提供法」という）において、株式投資信託等の元本割れのリスクのある金融商品の投資勧誘に当たっては、その旨及びその原因となる重要事項について説明しなければならず、これを怠ったときは**損害賠償責任**を負う。

説明すべき重要事項、例えば、「取引の仕組みのうちの重要な部分」、「元本欠損が生ずるおそれ」と「当初元本を上回る損失が生ずるおそれ」がある場合には、その説明をしなければならない。

重要

適合性原則の考え方を取り込んだうえで説明義務を尽くしたかどうかの解釈基準を設け、当該説明が、顧客の属性に照らして、当該顧客に理解される**ために必要な方法及び程度**によるものでなければならないとされている。

さらに、断定的判断の提供等の禁止規定が設けられ、その違反については、直接責任かつ無過失責任である損害賠償責任及び損害額の推定規定の対象とされている。

なお、**特定投資家（プロ投資家）**に対する場合、又は重要事項について説明を要しない旨の顧客の意思の表明があった場合は、金融サービス提供法上の**説明義務及び損害賠償責任の規定は適用**されない。ただし、商品関連市場デリバティブ取引を扱う際の説明義務については、適用除外されない。

⑧**取引態様の事前明示義務**

金融商品取引業者等は、顧客から有価証券の売買又は店頭デリバティブ取引に関する注文を受けた場合、あらかじめ、自己がその相手方となって当該売買を成立させるのか（**仕切り注文**）、又は媒介し、取次ぎし、若しくは代理して当該売買若しくは取引を成立させるのか（**委託注文**）の別を明らかにしなければならない。

（4） 適合性の原則の遵守義務 重要

　　金融商品取引業者等は、金融商品取引行為について、顧客の知識、経験、財産の状況及び金融商品取引契約を締結する目的に照らして不適当と認められる勧誘を行って投資者の保護に欠けることのないように業務を行わなければならない。

（5） 最良執行義務 重要

　　有価証券の売買等に関する顧客の注文について、**最良の取引の条件で執行するための方針及び方法**を「最良執行方針等」といい、金融商品取引業者等には以下のような義務がある。

- ア）最良執行方針等を定める
- イ）最良執行方針等を公表する
- ウ）最良執行方針等に従い有価証券等取引に関する注文を執行する
- エ）顧客より注文を受けようとする場合には、あらかじめ当該取引に係る最良執行方針等を記載した書面を交付する（電子交付可）
- オ）注文を執行した後に、一定の期間内に当該顧客から求められたときは、当該注文が最良執行方針等に従って執行された旨を説明した書面を、当該顧客に交付する（電子交付可）

（6） 分別管理義務

①金融商品取引業者等は、顧客資産が適切かつ円滑に返還されるよう、顧客から預託を受けた有価証券及び金銭を**自己の固有財産と分別して管理**しなければならない。
なお、商品関連デリバティブ取引取次ぎ等については、区分管理義務が課される。

②金融商品取引業等を廃止した場合等に顧客に返還すべき金銭を**顧客分別金**として、信託会社等に信託しなければならない。

③金融商品取引業者は、分別管理の状況について、定期的に公認会計士又は監査法人の監査を受けなければならない。

（7）　損失補塡等の禁止　重要

　金融商品取引業者等は、顧客から受託した有価証券の売買取引等について次の行為を行い、又は第三者を通じて行わせてはならない。

> **①損失保証・利回保証**
> 　有価証券の売買その他の取引等について、顧客に損失が生ずることとなり、又はあらかじめ定めた額の利益が生じないこととなった場合にはこれを補塡し、又は補足するため財産上の利益を提供する旨を、当該顧客等に対し、あらかじめ申し込み、又は約束する行為
> **②損失補塡の申込み・約束**
> 　有価証券の売買その他の取引等について、既に生じた顧客の損失を補塡し、又は利益を追加するため財産上の利益を提供する旨を、当該顧客等に対し、申し込み、又は約束する行為
> **③損失補塡の実行**
> 　有価証券の売買その他の取引等について生じた顧客の損失を補塡し、又は利益を追加するため、当該顧客等に対し、財産上の利益を提供する行為

　顧客である投資者は、金融商品取引業者等に対して損失補塡又は利益を補足するため財産上の利益を提供させる行為を要求して約束をさせた場合は、処罰の対象となる。

> 注意
> 「損失補塡を要求し約束をさせる顧客の行為は、<u>処罰の対象とならない</u>」と出題されると誤り。

　ただし、上記①～③までの場合については、その補塡が事故に起因するものであることについて、金融商品取引業者等があらかじめ**内閣総理大臣から確認を受けている場合**やその他内閣府令で定めている場合には、単なる事故処理として扱われ、**損失補塡に当たらない**ものとされている。

　なお、内閣府令で定める事故とは、未確認売買、誤認勧誘、事務処理ミス、システム障害、その他の法令違反行為をいう。

> 注意
> 「損失補塡は禁止されているので、たとえ事故であっても顧客の損失を<u>補塡することはできない</u>」と出題されると誤り。

（8）　担保（貸付）同意書の徴求

　金融商品取引業者等は、顧客の計算において自己が占有する有価証券又は顧客から預託を受けた有価証券を担保に供する場合又は他人に貸し付ける場合には、当該顧客から**書面による同意**を得なければならない。

　商品関連市場デリバティブ取引における商品等を担保に供する場合等も同様である。

　なお、書面による同意は、所定の**電磁的方法**で行うことができる。

（9）　特定投資家制度

①基本的な考え方

　金商法では、投資家を特定投資家（いわゆるプロ）と一般投資家（いわゆるアマ）に区分し、この区分に応じて金融商品取引業者等の行為規制の適用に差異を設けることにより、規制の柔軟化を図ることとしている。

②特定投資家と一般投資家の区分

一般投資家に移行 できない特定投資家	適格機関投資家（銀行、金融商品取引業者、保険会社、信用金庫等）、国及び日本銀行
選択により一般投資家に 移行可能な特定投資家	政府系機関、投資者保護基金、預金保険機構、外国法人、上場会社、資本金5億円以上と見込まれる株式会社　等
選択により特定投資家に 移行可能な一般投資家	地方公共団体、特定投資家以外の法人等一定の要件を満たす個人
特定投資家に移行 できない一般投資家	上記に該当しないすべての個人

（※右側余白に縦書き）2．金融商品取引法

③特定投資家が相手方になる場合の行為規制の適用関係
　○適用除外の行為規制
　　業者と顧客との間の情報格差の是正を目的とする行為規制で、具体的には次のものがある。

- 金融商品取引業者等が行う契約締結の勧誘の相手方が特定投資家である場合
　　広告等の規制、不招請勧誘の禁止、勧誘受諾意思の確認義務、再勧誘の禁止及び適合性原則
- 金融商品取引業者等が契約の申込みを受け、又は取引を行う相手方が特定投資家である場合
　　取引態様の事前明示義務、契約締結前の書面交付義務、契約締結時等の書面交付義務、保証金の受領に係る書面交付義務、書面による解除、最良執行方針等記載書面の事前交付義務、及び顧客の有価証券を担保に供する行為等の制限　　　　　　　　　など

　　※契約締結時等の書面交付義務及び運用報告書の交付義務については、顧客からの個別取引に関する照会に対して速やかに回答できる体制が整備されていない場合には、適用除外とならない。

　○適用除外されない行為規制
　　虚偽告知の禁止、断定的判断の提供等の禁止、損失補塡等の禁止等、市場の公正確保を目的とする行為規制

２．業態・業務状況に係る行為規制
（１）　名義貸しの禁止
　金融商品取引業者等が、自己の名義をもって他人に金融商品取引業を行わせてはならない。

（２）　回転売買等の禁止
　金融商品取引業者等が、あらかじめ顧客の注文の内容（意思）を確認することなく、頻繁に当該顧客の計算において有価証券の売買等を行うことは禁じられている。

3．投資勧誘・受託に関する行為規制

（1） 断定的判断の提供による勧誘の禁止

　金融商品取引業者等は、顧客に強い期待を抱かせるような断定的判断の提供による勧誘は禁止されている。

①断定的判断の提供による勧誘が結果的に的中したとしても、違法性がなくなるわけではない。

②騰貴し又は下落する価格又は価格帯、その時期を具体的に指示することは禁止されている。

③「必ず」とか「きっと」といった言葉を使わなくても断定的判断の提供となり得る場合がある。

④元本欠損額は顧客の被った損害と推定され、業者の責任は無過失責任とされている。

注意

「断定的判断の提供により損失を被った場合、業者は元利金相当額の賠償責任を負う」と出題されると誤り。賠償額は元本欠損額である。

（2） 虚偽の告知等の禁止

①虚偽告知の禁止

　金融商品取引業者等又はその役員若しくは使用人は、金融商品取引契約の締結又はその勧誘に関して、顧客に対し虚偽のことを告げる行為は禁止されている。

②虚偽の表示の禁止

　金融商品取引業者等又はその役員若しくは使用人は、金融商品取引契約の締結又はその勧誘に関して、虚偽の表示をし、又は重要な事項について誤解を生ぜしめるような表示をすることは禁止されている。

これは「勧誘」行為がなくても適用される。

特に必要な表示を欠く不作為も誤解を生ぜしめる表示となり、禁止されている。

条文は表示行為自体を禁止しているので、故意・過失の有無は問わない。

注意

「虚偽の表示等の禁止は、勧誘が伴わない場合適用されない」、「特に必要な表示を欠いたものは虚偽表示とはならない」、「虚偽表示してもそれが過失であれば許容される」と出題されると、いずれも誤り。

（3） 特別の利益の提供等禁止

　金融商品取引業者等又はその役員若しくは使用人は、金融商品取引契約につき、顧客若しくはその指定した者に対し、特別の利益の提供を約し、又は顧客若しくは第三者に対し特別の利益を提供してはならない。

　なお、**社会通念上のサービス**と考えられるものは含まれない。

注意

「社会通念上のサービスも含め、顧客に対し特別の利益を提供してはならない」と出題されると誤り。社会通念上のサービスは含まれない。

（4） 大量推奨販売の禁止

　金融商品取引業者等又はその役員若しくは使用人は、特定かつ少数の銘柄について、不特定かつ多数の顧客に対し、買付け若しくは売付け又はその委託等を**一定の期間継続して一斉にかつ過度に勧誘する行為**で、公正な価格形成を損なうおそれがあるものを行ってはならない。

　特に、その銘柄が現にその金融商品取引業者等が保有している有価証券である場合の推奨販売行為は、**厳しく禁じられている。**

　こうした行為は、そのまま相場操縦に該当する可能性もあり得る。

注意

「大量推奨販売は禁止されているが、金融商品取引業者等が保有している有価証券の場合は除外される」と出題されると誤り。特に金融商品取引業者等が保有している有価証券の場合は、厳しく禁じられる。

（5） インサイダー取引注文の受託の禁止

　金融商品取引業者等又はその役員若しくは使用人は、顧客の取引がインサイダー取引であることを知りながら、あるいはそのおそれがあることを知りながら、当該売買取引の相手方となり、又は当該取引の受託等をしてはならない。この規定に違反すれば行政処分の対象となることはもとより、インサイダー取引の幇助犯として刑事責任を問われる可能性もある。

（6） 法人関係情報の提供による勧誘の禁止

　金融商品取引業者等又はその役員若しくは使用人は、有価証券の売買その他の取引等につき、**顧客に対して当該有価証券の発行者の法人関係情報を提供して勧誘を行ってはならない。**

（7）　無登録の信用格付業者を利用する際の説明義務

　金融商品取引業者等又はその役員若しくは使用人は、顧客に対し、信用格付業者以外の信用格付業を行う者の付与した信用格付について、当該信用格付を付与した者が登録を受けていない者である旨等を告げることなく提供して、金融商品取引契約の締結の勧誘を行ってはならない。

4．市場価格歪曲に係る市場阻害行為

（1）　フロントランニングの禁止

　顧客から有価証券の買付け又は売付けの委託等を受け、その委託に係る売買等を成立させる前に自己の計算において、その有価証券と同一銘柄の売買を成立させることを目的として、当該顧客の委託等に係る価格と同一又はそれよりも有利な価格で買付け又は売付けする行為は、顧客に対する**誠実義務に反する**ので禁じられている。

（2）　無断売買の禁止

　金融商品取引業者等又はその役員若しくは使用人は、**あらかじめ顧客の同意を得ることなく、当該顧客の計算により有価証券等の売買等をしてはならない**。

　顧客との間に、継続的な取引関係がある場合でも、顧客の意思を確認することなく売買を行うことや、**あらかじめ買付けをしておいて後から顧客の承認（事後承諾）を得ようとする行為は禁止**されている。

> **注意**
> 「顧客との間に継続的な取引関係がある場合は、あらかじめ顧客の同意を得ることなく、当該顧客の計算により有価証券等の売買等を行っても、顧客による事後承諾があれば差し支えない」と出題されると誤り。無断売買は禁止されている。

（3）　法人関係情報の管理不備

　金融商品取引業者等は、その取り扱う法人関係情報に関する管理又は顧客の有価証券の売買その他の取引等に関する管理について法人関係情報に係る不公正な取引の防止を図るために必要かつ適切な措置を講じていないと認められる状況にならないようにしながら、その業務を行わなければならない。

（4） 作為的相場形成等の禁止

　金融商品取引業者等又はその役員若しく使用人は、**主観的な目的の有無を問わず**、特定の銘柄の有価証券等について、実勢を反映しない作為的相場が形成されることを知りながら、売買取引の受託等を行うことは禁止されている。

（5） 役職員の地位利用

　個人である金融商品取引業者又は金融商品取引業者等の役員若しくは使用人は、職務上知り得た特別の情報に基づいて売買等を行い、又は専ら投機的利益の追求を目的として売買等を行ってはならない。

> 注意
>
> 「金融商品取引業者等は、職務上知り得た特別の情報に基づいて売買を行うことは、専ら投機的利益の追求を目的としなければ差し支えない」と出題されると誤り。専ら投機的利益の追求を目的としなくても、職務上知り得た特別の情報により売買等を行ってはならない。

（6） 法人関係情報の利用取引

　金融商品取引業者又はその役員若しくは使用人は、**法人関係情報に基づいて**、自己の計算において有価証券の売買その他の取引等を行ってはならない。

5．金融商品取引業者と親子関係にある法人との取引の制限

　金融機関は金融商品市場に参入するために子会社を設立することができ、金融商品取引業者も銀行（信託銀行）子会社を設立することができる。

　各金融機関の独立性確保を目的として、金融商品取引業者と親子関係にある法人その他の団体との間に取引規制等の弊害防止措置が設けられている。

　この規制は、新規に設立される金融商品取引業者についてのみではなく、**既存の金融商品取引業者についても**、一定の資本関係・人的関係にあり、「親法人等又は子法人等」と認定された会社との間で**適用される**。

6．有価証券店頭デリバティブ取引への証拠金規制の導入

　個人を相手方とする有価証券店頭デリバティブ取引について、証拠金を受けずに取引をすることは禁止されている。

　これは、顧客が不測の損害を被るおそれ、顧客の損失が証拠金を上回ることにより業者の財務の健全性に影響が出るおそれ、過当投機を助長するおそれなどの弊害を防止するために導入された。

7．NISAを利用する取引の勧誘に係る留意事項

　NISA（少額投資非課税制度）とは、年間360万円（つみたて投資枠120万円、成長投資枠240万円）及び非課税保有限度額（つみたて投資枠と成長投資枠を合わせて1,800万円まで、うち成長投資枠1,200万円まで）の範囲内で購入した金融商品の投資収益を無期限に非課税とする制度である。

　2023年末で一般NISA・つみたてNISA・ジュニアNISAともに制度は終了となったが、非課税期間終了までは引き続き運用可能である。

　NISA制度を利用する取引の勧誘等に際しては、中長期投資や分散投資の効果等の投資に関する基礎的な情報を適切に提供するよう努めるとともに、適合性原則を踏まえ、必要に応じて顧客に誤解を与えることのないよう正確にわかりやすく説明することが求められる。

＜NISAのポイントと注意点＞

①同一年において一人1口座に限られる。

②「つみたて投資枠」と「成長投資枠」の併用ができる。

③保有分の売却により非課税保有限度額が復活し、翌年以降に再利用が可能である。

④非課税保有期間は無期限である。

⑤NISA口座での損失はないものとされるため、特定口座や一般口座で保有する他の有価証券の売買益や配当金との損益通算ができず、当該損失の繰越控除もできない。

⑥株式投資信託の分配金のうち元本払戻金（特別分配金）は、そもそも非課税であり、NISAにおいては制度上のメリットを享受できない。また、当該分配金の再投資を行う場合には、年間投資枠が費消されてしまう。

2．金融商品取引法

5 金融機関と金融商品取引業等

1. 金融機関と金融商品取引業
（1） 金融商品取引業者と金融機関の業務範囲
　銀行、協同組織金融機関等の金融機関は、原則として、有価証券関連業又は投資運用業を行うことができない。しかし、一定の条件の下でこの規制も緩和されている。

　金融機関は、内閣総理大臣の登録を受けて書面取次ぎ行為、有価証券関連業務の一部、有価証券関連デリバティブ取引等以外のデリバティブ取引等、投資助言・代理業務、有価証券等管理業務等を営むことができる。

（2） 金融商品仲介業務
　2004年（平成16年）の改正により、金融商品仲介業務が銀行等に全面的に解禁された。

　もともと銀行等は、内閣総理大臣の登録を受けて国債、地方債、CP、SPC等の資産流動化商品、投資信託等を取り扱うことができたが、この改正により株券、社債券、外国国債等を含め、すべての有価証券の取扱いが、売買の媒介、募集等の取扱いの範囲で可能となった。

　ただし、株券等は、金融商品取引業者等からの委託を受けて行うものに限られる。

　銀行が株券等を扱うことにより、銀行の優越的地位を利用する等の取引が懸念されることから、銀行による有価証券関連業務に適用される弊害防止措置の適用が認められる。

（3） 金融機関の登録
　金融機関は、内閣総理大臣の登録を受けて書面取次ぎ行為、有価証券関連業務の一部、有価証券関連デリバティブ取引等以外のデリバティブ取引等、投資助言・代理業務、有価証券等管理業務等を営むことができる。

　登録を受けた銀行等の金融機関を「登録金融機関」といい、登録金融機関及び役職員は、金融商品取引業者等に対する行為規制が適用される。

（4）　登録金融機関のその他業務に係る禁止行為

　登録金融機関又はその役員若しくは使用人は、登録金融機関業務以外の業務を行う場合には、金銭の貸付けその他信用の供与の条件として、有価証券の売買の受託等をする行為は禁止されている。

　ただし、投資者の保護に欠けるおそれが少ないと認められるものとして内閣府令で定めるものを除く。

　このほかに、金商法及び内閣府令において禁止行為が定められている。

２．金融商品仲介業制度

（1）　金融商品仲介業とは

　第一種金融商品取引業者、投資運用業者若しくは登録金融機関の委託を受けて、有価証券の売買の媒介等を当該金融商品取引業者等のために行う業務をいう。

（2）　金融商品仲介業の登録

　銀行、**協同組織金融機関その他政令で定める金融機関以外の者**は、内閣総理大臣の登録を受けて、（**法人、個人を問わず**）金融商品仲介業を営むことができる。

（3）　業務に関する規制

　金融商品仲介業者は、いかなる名目によるかを問わず、顧客から金銭若しくは有価証券の預託を受けてはならない。

３．信用格付業者

（1）　信用格付業者

信用格付	金融商品又は法人の信用状態に関する評価の結果について、**記号又は数字を用いて表示した等級**をいう
信用格付業	信用格付を付与し、かつ、提供し又は閲覧に供する行為を業として行うことをいう
信用格付業の登録制度	信用格付業を行う法人は、**内閣総理大臣の登録を受ける**ことができ、**登録を受けた者を、信用格付業者**という

無登録業者の格付の利用に際して金融商品取引業者等に説明義務を課すことにより、金融・資本市場において重要な影響を及ぼし得る格付会社の登録を確保する仕組みを整備している。

> **注意**
>
> 「金融商品取引業者等は、無登録業者の格付けを<u>自由に利用できる</u>」と出題されると誤り。

（2） 信用格付業者の業務

名義貸しの禁止	信用格付業者は、自己の名義をもって、他人に信用格付業を行わせてはならない
格付方針等の公表	信用格付業者は、信用格付を付与し、かつ、提供し又は閲覧に供するための方針及び方法（格付方針等）を定め、公表しなければならない

4．高速取引行為者
（1） 高速取引行為

高速取引行為とは、有価証券の売買又は市場デリバティブ取引等の行為において、当該行為を行うことについての判断が電子情報処理組織により自動的に行われ、かつ当該行為を行うために必要な情報の金融商品取引所その他の内閣府令で定める者に対する伝達が、情報通信の技術を利用する方法であって、当該伝達に通常要する時間を短縮するための方法として内閣府令で定める方法を用いて行われるものをいう。

（2） 高速取引行為者の登録制度

金融商品取引業者等及び取引所取引許可業者以外の者は、高速取引行為を行おうとするときは、**内閣総理大臣の登録**を受けなければならない。

また、内閣総理大臣は登録の申請があった場合、一定の登録拒否事由に該当する場合を除き、高速取引行為者登録簿に登録しなければならない。

（3） 取引記録の作成・保存、業務報告書の作成・提出

高速取引行為者は、その業務に関する帳簿書類を作成しこれを保存しなければならない。また、事業年度ごとに事業報告書を作成し、毎事業年度経過後3ヵ月以内に、これを内閣総理大臣に提出しなければならない。

（4） 監督上の処分

内閣総理大臣は、高速取引行為者が登録拒否事由に該当することになったときや、法令に基づいてする行政官庁の処分に違反したとき等は、当該行為者の登録を取り消し、又は6ヵ月以内の期間を定めて業務の全部若しくは一部の停止を命ずることができる。

5．金融商品取引業協会

認可金融商品取引業協会は、有価証券の売買その他の取引及びデリバティブ取引等を公正かつ円滑にし、並びに金融商品取引業の健全な発展及び投資者の保護に資する目的を持って、金融商品取引業者が組織した金商法上の法人である。認可金融商品取引業協会を設立しようとするには、内閣総理大臣の認可が必要である。

6．指定紛争解決機関

金融分野における裁判外紛争解決制度を「金融ADR」という。

（1） 紛争解決機関の指定

内閣総理大臣は、一定の要件を備える者を、その申請により、紛争解決等業務を行う者として指定できる。

（2） 指定の申請

紛争解決機関の指定を受けようとする者は、所定の事項を記載した指定申請書を内閣総理大臣に提出しなければならない。

（3） 指定紛争解決機関の監督

指定紛争解決機関は、商号又は名称、住所、役員等の**変更があったときは、**その旨を内閣総理大臣に届け出なければならない。

6 市場阻害行為の規制（不公正取引の規制）

1．包括規定

（1）　不公正取引禁止の包括規定

　何人（なんびと）も（例外なく全ての者は）、有価証券の売買その他の取引又はデリバティブ取引等について、不正の手段、計画又は技巧をしてはならない。

　これは不公正取引に関する包括規定であり、重い**刑事罰**（懲役10年以下、罰金1,000万円以下、法人罰金7億円以下、利得目的は個人罰金3,000万円以下、犯罪により得た財産は没収・追徴）がある。
　風説の流布、偽計取引、相場操縦も同様である。

（2）　虚偽又は不実の表示の使用の禁止

　何人も、有価証券の売買その他の取引又はデリバティブ取引等について、重要な事項について虚偽の表示があり、又は誤解を生じさせないために必要な重要な事実の表示が欠けている文書その他の表示を使用して、金銭その他の財産を取得してはならない。

（3）　虚偽の相場の利用の禁止

　何人も、有価証券の売買その他の取引又はデリバティブ取引等を誘引する目的をもって、**虚偽の相場を利用してはならない**。これは、虚偽の相場を利用することによる相場操縦【次ページ参照】の一種といえる。

2．風説の流布・偽計取引

　何人も有価証券の募集、売出し、売買その他の取引若しくはデリバティブ取引等のため、又は有価証券等の相場の変動を図る目的をもって、**風説を流布し、偽計を用い、又は暴行若しくは脅迫をしてはならない**。
　これに違反した者は懲役若しくは罰金に処せられ、又はこれらが併科される。
　犯罪によって得た財産は、没収・追徴の対象となる。
　また、風説の流布・偽計取引によって相場を変動させた場合には、さらに課徴金が科せられる。

3．相場操縦

相場操縦とは、有価証券やデリバティブ取引に係る市場における価格形成を人為的に歪曲する行為であり、その市場阻害性のゆえに厳しく禁止される。何人も、これを行った場合には懲役若しくは罰金に処せられる。

さらに犯罪によって得た財産は没収・追徴の対象になる。

また、相場操縦を行った者は、これにより損害を受けた者に賠償しなければならない。

相場操縦の成立のためには、それにより投資者の利益が害されること、利益の獲得を目的にしていることは必要ではない。市場の公正な価格形成を人為的に歪曲する意思のみで相場操縦とされる。

> **注意**
> 「相場操縦が成立するためには、市場の公正な価格形成を人為的に歪曲する意思のみでなく、それにより利益の獲得を目的にしていること、また投資家が害されることが必要である」と出題されると誤り。

（1） 相場操縦（仮装取引、馴合取引）　重要

> ①**仮装取引**（仮装売買）
> 仮装取引とは、上場有価証券等の売買等について、取引状況に関し、他人に誤解を生じさせる目的をもって、権利の移転、金銭の授受等を目的としない仮装の取引をすることである。
>
> ②**馴合取引**（馴合売買）
> 馴合取引とは、仮装取引と同様の目的をもって、自己が行う売付け若しくは買付けと同時期に、それと同価格で他人がその金融商品の買付け若しくは売付けを行うことをあらかじめその者と通謀して、その売付け若しくは買付けを行うことである。

> **注意**
> 仮装取引と馴合取引の入れ替えに注意すること。馴合取引のキーワードは「他人」と「通謀」である。つまり、1人でもできるのが仮装取引、2人以上必要なのが馴合取引である。

③現実取引による相場操縦

上場有価証券等の売買等の取引を誘引する目的をもって、有価証券売買等が繁盛であると誤解させ、又は取引所金融市場における上場金融商品等の相場を変動させるべき一連の有価証券売買等の受託等をすることは禁止されている。

④市場操作情報の流布

何人も、**取引を誘引する目的**をもって、取引所金融商品市場における上場金融商品等の相場が自己又は他人の操作によって**変動するべき旨を流布**することは、相場操縦として禁止されている。

⑤虚偽情報による相場操縦

何人も、有価証券売買等を行うにつき、取引を誘引する目的をもって、重要な事項について虚偽であり、又は誤解を生じさせるべき表示を故意に行うことは、相場操縦として禁止されている。

（2）　安定操作取引

取引所金融商品市場における上場金融商品等の相場をくぎ付けにし、固定し、又は安定させる目的で、一連の有価証券売買等又はその申込み、委託等若しくは受託等をすることは禁止されている。

しかし、**企業による資金調達の便宜を優先させて、このような取引が緊急避難的に認められる場合があり、これを安定操作取引**という。

金商法は、何人も政令で定めるところに違反して安定操作を行ってはならないと規定している。

（3）　空売りの規制

有価証券を有しないで売付けを行うことは、投資判断の裏付けを欠いた取引であり、原則として価格形成に関与すべき取引とはいえず、また、相場操縦にも利用されがちであるので、行ってはならないものとされている。

有価証券を借り入れて売付け又は売付けの委託若しくは受託をする場合も、空売り規制の対象となる。

なお、信用取引・先物取引のように定型化され、一定の規制方式が確立した取引その他の取引は許容されている。

4．内部者取引（インサイダー取引）

　有価証券の発行会社の役職員など会社関係者や、そうした会社関係者から当該会社に関する**重要事実の情報**を容易に入手できる立場にある者が、その立場を利用して入手した情報を利用して、それが**公表される**前に当該会社が発行する有価証券に係る取引（内部者取引）を行うことは、**公正な価格形成を妨げる取引として禁止**されている。

　売却後に損失が出たとしても内部者取引に該当する。

　合併又は会社分割による上場会社等の特定有価証券の承継も、原則として内部者取引規制の対象となる。

注意
重要事実が公表された後であれば、当該会社の有価証券の売買は禁止されない。

（1）　内部者取引の要件

①会社関係者

- **上場会社等**[※1]の役員、代理人、使用人その他の従業者（役員等[※2]）
- **上場会社等**の帳簿閲覧権を有する**株主や社員**
- 当該上場会社等と契約を締結している者又は締結の交渉をしている者（取引銀行、**公認会計士**、引受人、顧問弁護士等）
- 現在は会社関係者ではないが、以前会社関係者であり、会社関係者でなくなって**から1年以内の者**　　　　　　　　　など

【※1】株券、**新株予約権証券**、投信法に規定する投資証券、投資法人債券等で、金融商品取引所に上場されているもの。

【※2】親会社、子会社の役員も含まれる。

注意
会社関係者でなくなって「1年」以内の者は会社関係者である。半年、2年など数字の入れ替えに注意すること。

　なお、会社関係者より情報を受けた者（第一次情報受領者）も会社関係者と同様に内部者取引規制の対象となる。

②重要事実

　上場会社等の業務等に関する重要事実とは、以下のア～イに掲げる事実をいう。

　なお、子会社に生じた重要事実についても親会社同様規制対象となる。

　また、上場投資法人等についても上場会社等と同様規制対象となる。

> ア）**上場会社等の決定事実**
> 　当該上場企業等の業務執行を決定する機関が、次の事項を行う決定をしたこと、又は、いったん行うと決定した事項（公表されたものに限る）を行わないことを決定したこと
> - 募集株式・新株予約権の募集　・資本金の額の減少
> - 資本準備金・利益準備金の額の減少　・自己の株式の取得
> - 株式無償割当て又は新株予約権無償割当て　・株式の分割
> - 剰余金の配当　・株式交換　・株式移転　・**株式交付**
> - 合併　・会社の分割　・**事業の全部又は一部の譲渡・譲受**
> - 解散　・新製品又は新技術の企業化　・業務上の提携など
>
> イ）**上場会社等の発生事実**
> 　次の事実が発生したこと
> - 災害に起因する損害又は業務遂行の過程で生じた損害
> - 主要株主（総株主等の**議決権の**100**分の**10**以上の議決権を保有している株主**）の異動
> - 特定有価証券等の上場廃止等の原因となる事実　　　など
>
> 上記のほか上場会社等の決算情報及びバスケット条項がある

注意
「主要株主とは所有する株式数が上位10位までの者をいう」と出題されると誤り。総株主等の議決権の100分の10以上の議決権を有する株主である。

③**重要事実の公表**

　次のいずれかの場合には、重要事実が公表されたものとみなされる。

　ア）当該上場会社等若しくはその子会社を代表すべき取締役等により、当該重要事実が日刊紙を販売する新聞社や通信社又は放送機関等の**2**以上の報道機関に対して公開され、かつ、公開した時から**12時間**以上経過した場合は重要事実が公表されたとみなされる。

注意
6時間、24時間、3日間など数字の入れ替えに注意すること。

イ）金融商品取引所が運営、利用する**適時開示情報伝達システム（TDnet）への掲載**によって、**公衆縦覧に供される**とともに、直ちに**公表されたことになる**（この場合には12時間ルールは適用されない）。

ウ）当該上場会社等が提出した**有価証券報告書**、訂正届出書等に業務等に関する**重要事実が記載**され、当該書類が金商法の規定に従い公衆の縦覧に供された場合も公表されたとみなされる。

④**適用除外**

内部者取引の要件に該当する場合であっても、次の場合のように投資判断の形成自体が、情報面での優位を「利用して」なされていない場合は、違法とはならない。

ア）株式の割当てを受ける権利を有する者が当該権利の行使により株券を取得する場合

イ）**新株予約権を有する者が新株予約権行使により株券を取得する場合**

ウ）株式買取請求権等に基づき売買等をする場合

エ）株式累積投資を通じた買付けのうち一定の要件を満たすもの

など

注意
「会社役員がいわゆるストックオプションの権利行使による株券を取得する場合は、内部者取引が適用される」と出題されると誤り。適用除外である。

⑤**共犯**

自ら内部者取引を行わない場合でも、他人の内部者取引に関与する行為は、共犯として処罰される場合がある。

（2）　会社の役員及び主要株主の報告義務

上場会社等の役員及び主要株主は、自己の計算において当該上場会社等の株券、新株予約権証券、社債券等（**特定有価証券**）の買付け又は売付け、又は特定有価証券に係るオプションを表示する有価証券等に係る買付け等又は売付け等をした場合、内閣府令で定める場合を除いて、その売買等に関する報告書を内閣総理大臣に提出しなければならない。

注意
この規定は内部者取引を把握するためにあるので、売買があれば損失が出たときも報告義務がある。

（3）　役員又は主要株主の短期売買規制

　上場会社等の役員又は主要株主が、当該上場会社等の特定有価証券等について、自己の計算において買付け（又は売付け）等をした後**6ヵ月以内に売付け（又は買付け）**等を行って**利益を得たときは**、当該上場会社等は、その者に対し、**得た利益の提供を請求できる。**

> **注意**
>
> 3ヵ月、1年など数字の入れ替えに注意すること。

（4）　役員又は主要株主による自社株の空売り等の禁止

　上場会社等の役員又は主要株主は、自社株の空売り及びそれと同様の効果を有する取引（特定取引）をすることが絶対的に禁止されている。

5．その他の不公正取引

（1）　虚偽相場の公示等の禁止

　何人も、有価証券等の**相場を偽って公示**し、又は、公示若しくは頒布する目的をもって有価証券等の**相場を偽って記載した文書を作成**し、若しくは**頒布してはならない。**

（2）　有利買付け等の表示の禁止

　何人も、有価証券の募集又は売出しに際し、不特定かつ多数の者に対して、これらの者の取得した当該有価証券を、自己又は他人が、特定額以上の価格で買い付ける旨又は特定額以上の価格で売り付けることをあっせんする旨の表示をし、又はこれらの表示と誤認されるおそれがある表示をしてはならない。

（3）　一定配当等の表示の禁止

　何人も、有価証券の募集又は売出しの際、「1株当たり年○○円又は年○割の配当を継続する」等、一定の額又はこれを超える額の金銭の供与が行われる旨の表示をしてはならない。

6．暗号等資産の取引に関する規制

　暗号等資産の取引に関しても包括規定、風説の流布・偽計取引、相場操縦に関する規定が設けられている。

7 情報開示・会計・監査・内部統制

大量の有価証券が一般公衆に対して募集され、また、売り出され又は流通する場合、投資者が十分に投資判断を下すことができるように、発行会社の事業の状況、財政状態、経営成績等に関する情報を開示させる必要がある。

1．企業内容等開示制度（ディスクロージャー制度）

企業内容等開示制度は、発行市場における開示と、流通市場における開示とに大別される。

発行市場における開示	有価証券届出書によって内閣総理大臣に対して募集・売出しの届出を行い、行政による審査を経た後、届出の効力発生により、投資者に取得させ、又は売り付けることが可能になるが、それには目論見書を交付することによって、投資者に直接情報を開示しなければならない
流通市場における開示	金商法上、事業年度ごとに提出する有価証券報告書、半期（6ヵ月）ごとに提出する半期報告書、一定の重要情報が発生したときに提出する臨時報告書、金融商品取引所のルールである適時開示の各制度がある

◎企業内容等開示制度の対象となる有価証券は、基本的に発行段階では募集又は売出しが行われる有価証券である。

重要
◎国債証券、地方債証券、金融債、政府保証債及び流動性の低い一定の集団投資スキーム持分等には適用されない。

注意
「国債や金融債は、企業内容等開示制度が適用される」と出題されると誤り。

◎投資信託の受益証券等は「特定有価証券」として特別の開示規制の適用を受けるが、商品の仕組みから個々の資産の内容等の一切の情報開示を必要とする場合もあり得る。

注意
「投資信託の受益証券は、企業内容等開示制度の適用外である」と出題されると誤り。

2・金融商品取引法

２．発行市場における開示制度

（1） 募集・売出しの意義

①有価証券の募集

有価証券の募集とは、新たに発行される有価証券の取得の申込勧誘のうち、次の場合をいう。

第一項有価証券 有価証券、有価証券表示 権利、特定電子記録債権、 一定の電子記録移転権利	・多数の者（50名以上）を相手方として 行う場合 ・プロ私募、特定投資家私募又は少人 数私募のいずれにも該当しない場合
第二項有価証券 （みなし有価証券）	募集に係る有価証券を相当程度多数の者 （500名以上）が所有することとなる場合

②有価証券の売出し

有価証券の売出しとは、（原則）既に発行された有価証券の売付けの申込み又はその買付けの申込み勧誘のうち、次の場合をいう。

第一項有価証券	多数の者（50名以上）を相手方として行う場合
第二項有価証券	売出しに係る有価証券を相当程度多数の者（500名以上）が所有することとなる場合

> **ポイント**
> 募　集……新たに発行される有価証券の取得の申込勧誘
> 売出し……（原則）既に発行された有価証券の売付けの申込み

（2） 募集又は売出しに際しての届出

有価証券の募集又は売出しは、発行者が当該募集又は売出しに関し、内閣総理大臣に届出をしているものでなければ、することができない。

（国債、地方債は、届け出義務はない）

届出が行われると、その内容は直ちに公衆の縦覧に供され、当該募集又は売出しをしようとしている有価証券について、販売資料や目論見書を使って投資勧誘を行うことができる。ただし、実際に有価証券を取得させたり、売り付けたりするには、届出の効力が発生していなければならない。

届出を内閣総理大臣が受理すると、原則として、その日から15日を経過した日にその効力が発生する。

（3） 有価証券届出書

有価証券の募集・売出しの届出をする場合には、内閣総理大臣に対して有価証券届出書を提出しなければならない。

（4） 目論見書
<ruby>目論見書<rt>もくろみしょ</rt></ruby>

重要

> 目論見書は、有価証券の募集若しくは売出し、適格機関投資家取得有価証券一般勧誘又は特定投資家等取得有価証券一般勧誘の際、当該有価証券の**発行者の事業その他の事項に関する説明を記載する文書で**あって、**直接相手方に交付し、又は相手方からの交付の請求があった場合に交付**すべきものである。

発行者、売出人、引受人、金融商品取引業者等又は金融商品仲介業者は、届出を要する有価証券又は既に開示された有価証券を募集又は売出しにより取得させ又は売り付ける場合には、目論見書をあらかじめ**又は**同時に投資者に交付しなければならない。

ただし、**適格機関投資家に取得**させ又は売り付ける場合、**当該有価証券と**同一**の銘柄を所有する者**又はその同居する者が既に当該目論見書の交付を受け、あるいは確実に交付を受けると見込まれる者が、当該目論見書の交付を受けないことについて同意した場合に、その者に当該有価証券を取得させ又は売り付ける場合には、目論見書は交付しなくてよい。

なお、有価証券に関して、既に開示が行われている場合における当該有価証券の売出しについては、**発行者、発行者の関係者及び引受人**以外の者が行う場合は、目論見書の交付が免除される。

発行者、発行者の関係人及び引受人は、引き続き目論見書を交付しなければならない。

注意

「既に開示が行われている場合における有価証券の売出しについては、内閣総理大臣（金融庁長官）へ届出を行えば、発行者は目論見書の交付が免除される」と出題されると誤り。発行者以外の者が行う場合は、目論見書の交付は免除されるが、発行者等は引き続き目論見書の交付が要求される。

3．流通市場における開示制度

◎流通開示の適用対象会社

①上場有価証券発行会社（**上場会社**）、店頭売買有価証券発行会社

②①以外の者で募集・売出しにつき内閣総理大臣に届出を要した有価証券の発行者（ただし、当該事業年度を含む前**5事業年度**のすべての末日における所有者数が**300名未満**の場合は、内閣総理大臣の承認を得ることで提出を免れることができる）

③**外形基準**による会社（資本金と株主数を基準）

①、②以外の者で、**資本金が5億円以上**で、かつ、最近5事業年度のいずれかの末日において株主名簿上の**株数が1,000人以上**の会社、ただし、300人を下回ると不適用となる

各種報告書は、一定期間内に内閣総理大臣に提出しなければならない。

有価証券 報告書	事業年度ごとに作成する企業情報の外部への開示資料であり、企業の概況、事業の状況、経理の状況等から構成される。当該**事業年度経過後3ヵ月**以内に提出
半期報告書【※】	半期（6ヵ月）経過後45日以内に提出
確認書	**有価証券報告書等の記載内容が金融商品取引法令に基づき適正であることを経営者が確認した旨を記載した**確認書を当該有価証券報告書等と併せて提出
臨時報告書	**財政状態や経営成績等に著しい影響を与える事象が発生した場合**等は、発行会社は、その内容を記載した臨時報告書を遅滞なく提出
親会社等 状況報告書	親会社等の事業年度終了後3ヵ月以内に提出
自己株券買付 状況報告書	上場会社は、自己株式の取得に関する株主総会の決議又は取締役会の決議があった場合に、各月ごとに提出
訂正届出書・ 訂正報告書	有価証券届出書、有価証券報告書等の提出後、**重要事項に変更等がある場合**に提出

【※】2024年4月1日以後に開始する事業年度から四半期報告書が廃止され、半期報告書に集約された。

4．公衆縦覧

　有価証券報告書や有価証券届出書等は、一定の場所に備え置かれ各々の書類ごとに定められた期間、公衆の縦覧に供される。

　なお、公衆縦覧期間は、有価証券届出書、有価証券報告書、内部統制報告書及び親会社等状況報告書は、受理した日から5年を経過する日まで、半期報告書及び四半期報告書は、受理した日から3年を経過する日までと定められている。

5．企業内容等の開示制度の電子化

　有価証券報告書等の電子開示手続は、EDINETを使用して行われる。
　EDINETは、金融庁のウェブサイトからアクセス可能である。

【注意】

　「有価証券報告書等の電子開示はTDnetを使用する」と出題されると誤り。EDINETを使用して行われる。

6．フェア・ディスクロージャー・ルール

　発行者（上場会社等）は、未公表の決算情報などの重要情報を証券アナリストなどに提供した場合、意図的な伝達の場合は同時に、意図的でない伝達の場合は速やかに、当該重要情報を公表しなければならない。

7．金融商品取引法における監査制度

　財務諸表等については、**上場会社等監査人名簿へ登録を受け**、かつ、監査対象と特別の利害関係を持たない**公認会計士、監査法人による**監査証明を受けなければならない。

【注意】

　「財務諸表は監査役による監査を受ければよい」と出題されると誤り。公認会計士、監査法人による監査証明を受けなければならない。

8．内部統制報告制度

　有価証券報告書提出義務のある会社は、事業年度ごとに、当該会社の属する企業集団及び当該会社に係る財務計算に関する書類その他の情報の適正性を確保するために必要な体制について評価した報告書（内部統制報告書）を有価証券報告書と併せて内閣総理大臣に提出しなければならない。

8 市場の監視・監督

1. 総　論

（1）　わが国の金融行政機関

　わが国の金融行政は、内閣府の外局である金融庁が担っている。

（2）　権限の委任

　金商法は、金商法に係る法令上の行政機関の諸権限を内閣総理大臣に付与している。

　内閣総理大臣は、行政機関の諸権限を金融庁長官に委任している。

　金融庁長官は、内閣総理大臣から委任を受けた権限のうち、一部をさらに証券取引等監視委員会に委任している。【第1章　証券市場の基礎知識　p.6参照】

2. 課徴金

　課徴金は、一定の不公正取引があった場合に、内閣総理大臣が一定の手続に基づいて、不公正取引に応じて決められた額の課徴金を国庫に納めるよう命ずる制度である。

3. 法令違反行為を行った者の氏名等の公表

　内閣総理大臣は、公益又は投資者保護のために必要かつ適当であると認めるときは、内閣府令で定めるところにより、法令違反行為を行った者の氏名その他法令違反行為による被害の発生若しくは拡大を防止し、又は取引の公正を確保するために必要な事項を一般に公表することができる。

これは必須！

◎演習問題◎

次の文章について、正しい場合は○、正しくない場合は×にマークしなさい。

1. 有価証券の売買の媒介とは、自己の名をもって委託者の計算で、有価証券を買い入れ又は売却すること等を引き受けることをいう。

2. 有価証券の募集とは、既に発行された有価証券の取得の申込みの勧誘のうち、第一項有価証券については、勧誘対象者が多数（50名以上）である場合のことをいう。

3. 外務員は、その所属する金融商品取引業者等に代わって外務員の職務に関し、一切の裁判上の行為を行う権限を有する。

4. 過去1年以内に上場有価証券等書面を交付している場合は、契約締結前の書面交付義務は免除される。

5. 金融商品取引業者は、事後の承諾を得ることを前提に、あらかじめ顧客の同意を得ることなく、当該顧客の計算により有価証券等の売買をしてはならない。

6. 仮装取引とは、上場有価証券等の売買等について、取引状況に関し、他人に誤解を生じさせる目的をもって、権利の移転、金銭の授受等を目的としない仮装の取引をすることである。

7. 内部者取引規制において、会社関係者は、重要事実が公表されてから6ヵ月間は当該上場会社等の株券等の売買をしてはならない。

8. 内部者取引において、重要事実が2以上の報道機関に対して公開され、かつ、公開した時から3日以上経過した場合は重要事実が公表されたとみなされる。

9. 企業内容等開示制度が適用される有価証券には、国債証券、地方債証券のほか、投資信託の受益証券も含まれる。

10. 有価証券報告書の提出後、財務状態や経営成績等に著しい影響を与える事象が発生した場合、発行会社は訂正届出書を内閣総理大臣に提出する。

解答

‥‥

1. × 有価証券の売買の媒介とは、<u>他人間の取引の成立に尽力すること</u>である。問題文は、取次ぎの説明である。

2. × 有価証券の募集とは、<u>新たに発行される</u>有価証券の取得申込みの勧誘のうち、第一項有価証券については、勧誘対象者が多数（50名以上）である場合のことをいう。

3. × 一切の<u>裁判外</u>の行為を行う権限を有する。

4. ○

5. ○

6. ○

7. × 内部者取引規制において、会社関係者は、重要事実が<u>公表される前</u>に当該上場会社等の株券等の売買をしてはならない。重要事実が公表された後であれば、売買は可能である。

8. × 内部者取引において、重要事実が2以上の報道機関に対して公開され、かつ、公開した時から<u>12時間以上</u>経過した場合は重要事実が公表されたとみなされる。

9. × 企業内容等開示制度が適用される有価証券には、投資信託の受益証券は含まれるが、<u>国債証券、地方債証券</u>は適用されない。

10. × 問題文の場合、発行会社は<u>臨時報告書</u>を内閣総理大臣に提出する。

第3章
金融商品の勧誘・販売に関係する法律

金融サービス提供法と消費者契約法が中心となります。「損害賠償」と「契約の取消し」がどちらの法律で適用されるかを確実に覚えましょう。説明義務違反や断定的判断を行って顧客が損失を被った場合、無過失責任とされ、損害賠償責任が生じます。また、消費者を誤認させる又は困惑させる行為が行われた場合、取消権が生じます。
最近では、個人情報保護法や犯罪収益移転防止法についても出題されています。

一種 （20点）	
○×	四肢選択
2問	1問

二種 （20点）	
○×	四肢選択
2問	1問

予想配点

1 金融サービスの提供及び利用環境の整備等に関する法律

1．概要・趣旨

金融サービスの提供及び利用環境の整備等に関する法律（以下「金融サービス提供法」という）は、2021年11月1日に金融商品の販売等に関する法律が改正されたもので、金融サービスの提供を受ける顧客の保護を図り、もって国民経済の健全な発展に資することを目的としている。

①金融商品販売業者等が金融商品を販売する際の顧客に対する説明義務

②説明義務違反により顧客に損害が生じた場合の損害賠償責任及び損害額の推定

③その他の金融商品の販売等に関する事項

④金融サービス仲介業を行う者について登録制度を実施し、その業務の健全かつ適切な運営を確保すること

2．適用対象・範囲

説明義務を負うのは「金融商品の販売等」を業として行う者、つまり、金融商品販売業者等である。

「金融商品の販売」とは、預金等の受入を内容とする契約、有価証券を取得させる行為、市場・店頭デリバティブ取引などを指す。

「金融商品の販売等」とは、金融商品の販売のほか、その取次ぎ又はこれらの代理若しくは媒介を意味する。

3．説明義務 重要

金融商品販売業者等は、金融商品の販売等を業として行うときは、金融商品の販売が行われるまでの間に、顧客に対して重要事項の説明を行わなければならない。

重要事項の説明は、**書面の交付**による方法でも可能だが、顧客の知識、経験、財産の状況及び当該金融商品の販売に係る契約を締結する目的に照らして、当該顧客に理解されるために必要な方法及び程度によるものでなければならない。重要事項の説明義務は、特定顧客（特定投資家）である場合は適用されない。また、**重要事項について説明を要しない旨の顧客の意思の表明**があった場合は、商品関連市場デリバティブ取引等の場合を除き、免除される。

なお、**金商法上の説明義務は免除されない**ので注意が必要である。

◆重要事項と説明内容

重要事項	直接の原因	説明内容
市場リスク	金利、通貨の価格、市場の相場その他の指標に係る変動	・「元本欠損のおそれ」「当初元本を上回る損失が生ずるおそれ」がある場合は、その旨及び当該指標 ・取引の仕組みの重要な部分
信用リスク	販売者その他の者の業務または財産の状況の変化	・「元本欠損のおそれ」「当初元本を上回る損失が生ずるおそれ」がある場合は、その旨及び当該者 ・取引の仕組みの重要な部分
期間の制限	権利行使期間の制限及びクーリングオフ期間の制限があるときはその旨	

4. 因果関係・損害額の推定 重要

　説明すべき重要事項の説明を行わなかった場合や断定的判断の提供の禁止に違反する行為を行った場合には、損害賠償責任が生じる。

重要事項の説明義務違反	故意、過失の有無を問わない（無過失責任）
不法行為と損害の発生の因果関係及び損害額	・金融商品取引業者側に立証責任 ・損害額は元本欠損額と推定

5. 勧誘方針の策定・公表義務

　金融サービス提供法において、金融商品販売業者等は、一定事項を記載した勧誘方針の策定及び公表が義務付けられている。

【勧誘方針に記載すべき事項】
①勧誘の対象となる者の知識、経験、財産の状況及び当該金融商品の販売に係る契約を締結する目的に照らし配慮すべき事項
②勧誘の方法及び時間帯に関し勧誘の対象となる者に対し配慮すべき事項
③①及び②のほか、勧誘の適正の確保に関する事項

6．金商法における適合性原則・説明義務との関係

　金商法上の適合性原則や実質的説明義務違反の帰結は、当該義務を怠った金融商品取引業者等に対する行政処分であるのに対して、金融サービス提供法における説明義務違反については、私法上の効果（損害賠償義務、因果関係・損害額の推定）を生じさせるものである点が異なる。

7．顧客の「説明不要」の意思表示

　金融サービス提供法において、「重要事項について説明を要しない旨の顧客の意思の表示があった場合」、商品関連市場デリバティブ取引及びその取次ぎの場合を除き原則免除されるが、特定投資家に該当しない顧客に対しては、金商法の実質的説明義務自体を免れるわけではない。

8．金融サービス仲介業について

　「金融サービス仲介業」とは、預金等媒介業務、保険媒介業務、有価証券等仲介業務又は貸金業貸付媒介業務のいずれかを業として行うことをいう。

　電子金融サービス仲介業務を行う金融サービス仲介業者は、一定の要件の下、電子決済等代行業を行うことができる。

◆金融サービス提供法と消費者契約法の相違

	金融サービス提供法	消費者契約法
保護対象	一般投資家（個人・法人）	事業の契約を除く個人
適　　用	・重要事項の説明義務違反 ・断定的判断の提供	・重要事項を誤認させた ・困惑させる行為
効　　果	損害賠償	契約取消し

　個人の場合、金融サービス提供法と消費者契約法の両法を併用してトラブルに対応することも可能である。

2 消費者契約法

1．概要・趣旨 重要

　消費者保護の観点から、消費者を誤認させる行為又は消費者を困惑させる行為が行われた場合、消費者による取消権や不当な契約条項の無効を定める法律である。

2．適用対象・範囲
（1）消費者契約法の適用
　消費者契約法が適用されるのは、消費者契約である。

　消費者とは、個人のうち、「事業として又は事業のために契約の当事者となる場合におけるもの」を除いた者である。

　また、契約の直接の相手方ではなく、契約の相手方から媒介の委託を受けた者や代理権の授受を受けた者による勧誘などの行為も適用される。

（2）消費者契約とは
　消費者契約とは、消費者と事業者との間で締結される契約である。

　金融サービス提供法の対象となる金融商品の販売等に関する契約も、消費者と事業者との間で締結される限り、消費者契約に含まれる。

3．消費者契約法による契約の取消し
（1）取消の対象となる契約
重要

　消費者契約法では、金融商品取引業者が、**顧客を誤認させる行為又は困惑させる行為**を行った場合、顧客は**契約を取り消す**ことができる。

①重要事項の不実告知
　消費者に対して重要事項について事実と異なることを告げたことにより、告げられた内容が事実であると誤認した場合
②断定的判断の提供
　将来における変動が不確実な事項につき断定的判断を提供することにより、消費者が提供された断定的判断の内容が確実であると誤認した場合

③不利益事実の故意又は重大過失による不告知

消費者に対し、重要事項等について消費者の利益となる旨を告げ、かつ、重要事項について**消費者の不利益となる事実**を故意又は重大な過失によって告げなかったことにより、事実が存在しないと誤認をした場合

④その他取消の対象となる契約

不退去、退去妨害、勧誘することを告げずに退去困難な場所へ同行し勧誘した場合、威迫する言動を交え相談の連絡を妨害した場合、社会生活上の経験不足の不当な利用、恋愛感情等に乗じた人間関係の濫用、加齢等による判断能力の低下の不当な利用、**霊感等を用いた告知**、契約前に義務の内容を実施することで原状回復を著しく困難とする行為、事業者が契約前に締結を目指して実施した事業活動を、消費者のために特に実施したものであること及び損失補償を請求することを告知する行為、過量取引、同種契約による過量取引

（2） 取消権の行使の方法

消費者が取消権を行使する方法については、相手方に対し、意思表示を取り消す旨を伝えればよいとされる。

（3） 取消権の行使期間

取消権は、追認することができる時から**1年**間（霊感等を用いた告知に係る取消権については、3年間）**行使しないとき**、又は消費者契約の**締結時から5年**（霊感等を用いた告知に係る取消権については、10年間）**を経過したときに消滅**する。

（4） 取消しの効果

消費者が取消権を行使した場合、当初にさかのぼって契約が無効であったこととなる。なお、民法上は、無効な行為に基づく債務の履行として給付を受けた者は、相手方を原状に復させる義務を負うこととされるが、消費者契約に基づく債務の履行として給付を受けた消費者は、給付を受けた当時その意思表示が取り消すことができるものであることを知らなかったときは、当該消費者契約によって現に利益を受けている限度において、返還の義務を負うものとされている。

（5）　消費者契約法により無効となる契約（条項）

①消費者に落度のない事業者の損害賠償の責任を免除し、又は当該事業者にその責任の有無を決定する権限を付与する条項

②事業者の債務不履行により生じた消費者の解除権を放棄させ又は当該事業者にその解除権の有無を決定する権限を付与する条項

③事業者に対し、消費者が後見等の開始の審判を受けたことのみを理由とする解除権を付与する消費者契約

④消費者が支払う損害賠償の額を予定する条項

⑤消費者の利益を一方的に害する条項

⑥当該事業者の債務不履行や不法行為責任（故意または重過失の場合を除く）の一部を免責する条項であって、当該条項において事業者又はその代表者、使用人の重大な過失を除く過失による行為にのみ適用されることを明らかにしていないもの

3 個人情報の保護に関する法律

1．概要・趣旨

　個人情報取扱事業者に該当する協会員は、個人情報の保護に関する法律（以下「個人情報保護法」という）等に従い、個人情報取扱事業者の義務を遵守しなければならない。

2．適用対象・範囲

　個人情報保護法が対象としているのは、個人情報、個人データ、保有個人データ、要配慮個人情報、**仮名加工情報**、**匿名加工情報**及び個人関連情報である。

　①要配慮個人情報

　　本人の人種、信条、社会的身分等その他本人に対する不当な差別、偏見その他の不利益が生じないようにその取扱いに特に配慮を要するものとして政令で定める記述等が含まれる個人情報をいう。

　②仮名加工情報

　　個人情報に含まれる記述等の一部を削除又は置換したり、個人情報に含まれる個人識別符号の全部を削除又は置換する措置を講じて、**他の情報と照合しない限り特定の個人を識別することができないように**個人情報を加工して得られる個人に関する情報をいう。

　③匿名加工情報

　　個人情報の区分に応じて定められた措置を講じて特定の個人を識別することができないように個人情報を加工して得られる個人に関する情報であって、当該**個人情報を復元することができないようにしたもの**をいう。

　④個人関連情報

　　生存する個人に関する情報であって、個人情報、仮名加工情報及び匿名加工情報のいずれにも該当しないものをいう。

3．「個人情報」に関する義務

　「個人情報」とは、生存する個人に関する情報であって、氏名、生年月日その他の記述等により特定の個人を識別することのできるもの又は**個人識別符号が含まれるもの**をいう。

　個人識別符号とは、当該情報単体から特定の個人を識別できるものとして政令で定められた文字、番号、記号その他の符号をいう。

個人情報については、利用目的の特定、利用目的による制限、不適正な利用の禁止、適正な取得、取得に際しての利用目的の通知等に関する義務が規定されている。

（1） 利用目的の特定 重要

個人情報を取り扱うに当たっては、「利用目的」をできる限り**特定しなければならない。**

（2） 利用目的による制限

あらかじめ本人の同意を得ないで、利用目的の達成に必要な範囲を超えて、個人情報を取り扱ってはならない。

（3） 取得に際しての利用目的の通知等

契約締結に伴い契約書等に記載された個人情報を取得する場合は、あらかじめ、本人に対し、その利用目的を明示しなければならない。

あらかじめその利用目的を公表している場合を除き、速やかに、その利用目的を、本人に通知し、又は公表しなければならない。

4．「個人データ」に関する義務

「個人データ」とは、個人データベース等を構成する個人情報をいう。

（1） 安全管理措置、従業者の監督、委託先の監督

個人情報取扱事業者は、その取り扱う個人データの漏えい、滅失又は毀損の防止その他の個人データの安全管理のために必要かつ適切な措置（安全管理措置）を講じなければならない。

（2） 第三者提供の制限

個人情報取扱事業者は、原則として、あらかじめ**本人の同意を得ないで、**個人データを**第三者に**提供してはならない。

以下の場合は、制限が適用されない。
　　①法令に基づく場合
　　②人の生命、身体又は財産の保護のために必要がある場合であって、本人の同意を得ることが困難であるとき　　　　　　　　　　　　など

なお、個人情報取扱事業者から**データを委託**され、当該データを受け取った者は、**第三者に該当しない。**

5．「保有個人データ」に関する義務

「保有個人データ」とは、個人情報取扱事業者が、開示、内容の訂正、追加又は削除、利用の停止、消去及び第三者への提供の停止を行うことのできる権限を有する個人データであって、その存否が明らかになることにより公益その他の利益が害されるものとして政令で定めるもの以外のものをいう。

「保有個人データ」については、保有個人データに関する事項の公表、本人から求められた場合の開示、本人から求められた場合の訂正、本人から求められた場合の利用停止、本人から求められた場合の理由の説明に関する義務が規定されている。

6．「要配慮個人情報」及び「機微（センシティブ）情報」に関する義務

要配慮個人情報の取得及び第三者提供は、原則として本人の同意が必要である。機微情報（労働組合への加入、本籍地等）は、本人の同意があっても、原則として取得、利用又は第三者提供できない。

7．法人情報、公開情報その他

法人情報	個人情報保護法においては対象とされていないが、法人の代表者個人や取引担当者個人の氏名、住所、性別、生年月日、容貌の画像等個人を**識別することができる情報**は、個人情報に該当することに注意が必要である
公開情報	個人情報保護法では、公開・非公開を区別しておらず、公開情報であっても個人情報の定義に該当する限り、個人情報となる

8．マイナンバー法

マイナンバー（個人番号）の提供を受ける際には、その利用目的の通知又は公表が必要となるほか、提供を受ける都度、所定の方法で本人確認が必要である。

4 犯罪による収益の移転防止に関する法律

1．概要・趣旨

　犯罪による収益の移転防止に関する法律（以下「犯罪収益移転防止法」という）は、マネー・ローンダリング（資金洗浄）やテロリストに対する資金供与の防止のため、定められている。協会員が、一定の取引を行うに際し、取引時確認**義務**などを課している。

2．取引時確認義務

（1）　取引時確認義務

　協会員は、最初に顧客について本人特定事項等の**取引時確認**を行う必要がある。

> ・**本人特定事項**（自然人の場合：氏名、住居、生年月日）
> ・**取引を行う目的**
> ・職業

　なお、代理人が取引を行う場合には、**本人の取引時確認に加えて代理人についても本人特定事項の確認**が必要である。また、会社の経理担当者が会社のために預金口座を開設する場合は、会社のみならず、経理担当者についても本人特定事項の確認が必要である。

　なお、取引を行おうとする顧客について既に取引時確認を行っており、かつ、当該顧客について確認記録を保存している場合等一定の場合は、改めて取引時確認を行う必要はない。ただし、**ハイリスク取引**については、既に取引時確認をしたことのある顧客との取引であっても、改めて取引時確認を行う必要がある。

　さらに、なりすましの疑いがある取引や、確認事項を偽っていた疑いがある顧客等との取引（ハイリスク取引）については、本人特定事項について当初行った確認とは異なる方法による本人確認が必要である。

　なお、簡素な顧客管理を行うことが許容される取引については、取引時確認が必要となる対象取引から除かれる。

　顧客等から、特定事業者が提供するソフトウェアを使用して、本人確認用画像情報の送信を受ける方法等、オンラインにより完結する取引時確認の方法等が許容される。

（2）　本人確認書類

個人	運転免許証、個人番号カード（マイナンバーカード）、在留カード、特別永住者証明書、各種健康保険証、国民年金手帳、印鑑登録証明書	など
法人	登記事項証明書、印鑑登録証明書	など

〔**本人確認書類の注意事項**〕
- ・有効期限のある証明書
  提示又は送付を受ける日において有効なもの
- ・**有効期限のない証明書**
  提示又は送付を受ける日の前**6ヵ月以内に作成**されたもの

3．確認記録の作成・保存義務

協会員は、取引時確認を行った場合は、直ちに確認記録を作成し、当該契約の取引終了日及び取引時確認済み取引に係る取引終了日のうち後に到来する日から**7年間保存**しなければならない。

4．取引記録の作成・保存義務

協会員は、特定取引を行った場合は、直ちに取引記録を作成し、当該取引が行われた日から**7年間保存**しなければならない。

5．疑わしい取引の届出義務

顧客から受け取った財産が犯罪による収益であるなどの場合には、速やかに行政庁に対して疑わしい取引の届出を行わなければならない。

なお、**疑わしい取引の届出を行おうとすること又は行ったことを、当該疑わしい取引の届出に係る顧客やその関係者に**漏らしてはならない。

◎演習問題◎

次の文章について、正しい場合は○、正しくない場合は×にマークしなさい。

1. 金融サービスの提供に関する法律において、金融商品販売等を業として行おうとするときは、金融商品の販売が行われるまでの間に、原則として顧客に重要事項の説明をしなければならない。

2. 犯罪による収益の移転防止に関する法律において、取引時確認を行う際の本人確認書類のうち、有効期限のないものについては、金融商品取引業者が提示又は送付を受ける日の前1年以内に作成されたもののみ認められる。

3. 個人情報保護法における個人情報取扱事業者は、個人情報を取り扱うに当たっては、その利用目的をできる限り特定しなければならない。

4. 金融サービス提供法における勧誘方針に記載すべき事項に、勧誘の方法及び時間帯に関し、勧誘の対象となる者に対し配慮すべき事項がある。

5. 法人の代表者個人を識別することができる情報は、個人情報に該当する。

6. 消費者契約法において、断定的判断により提供された内容が確実であると誤認した場合、契約を取消すことができる。

7. 疑わしい取引の届出を行う場合は、当該疑わしい取引の届出に係る顧客に通知しなければならない。

8. 犯罪による収益の移転防止に関する法律において、代理人が取引を行う場合は、本人の取引時確認が必要であるが、代理人については確認の義務はない。

解答

1. ○ 金融商品の投資勧誘に当たっては、販売が行われるまでに、顧客に重要事項の説明をしなければならない。
2. × 取引時確認を行う際の本人確認書類のうち、有効期限のないものについては、金融商品取引業者が提示又は送付を受ける日の前<u>6ヵ月</u>以内に作成されたもののみ認められる。
3. ○ 個人情報を取り扱うに当たっては、その利用目的をできる限り特定しなければならない。
4. ○
5. ○
6. ○
7. × 疑わしい取引の届出を行おうとすること又は行ったことを、当該疑わしい取引の届出に係る顧客やその関係者に<u>漏らしてはならない</u>。
8. × 本人の取引時確認に加えて、<u>代理人についても本人特定事項の確認が必要</u>である。

第4章
協会定款・諸規則

日本証券業協会が定める自主規制規則が中心となります。投資勧誘・顧客管理規則、従業員規則は、第2章の「金融商品取引法」と重複する箇所もありますので関連付けて覚えましょう。禁止行為等は、例外規定もあります。「投資者保護」の立場から考えましょう。外務員資格試験ですから、外務員の資格・登録についても出題されます。

一種 (50点)	
○×	四肢選択
2問	4問

二種 (35点)	
○×	四肢選択
1問	3問

予想配点

1 日本証券業協会の概要

1．日本証券業協会の概要

　日本証券業協会（以下「協会」という）は、金商法の規定により、内閣総理大臣の登録を受けた者のうち、第一種金融商品取引業を行う者及び、内閣総理大臣の登録を受けた金融機関（以下「登録金融機関」という）をもって組織され、内閣総理大臣の認可を受けた、わが国唯一の法人である。

　協会は、「各金融商品取引所」、「投資信託協会」などとともに、金商法により自主規制機関としての性格を付与されている。

2．協会員の種類

会　　　　員	第一種金融商品取引業を行う者（一部を除く）
特定業務会員	特定店頭デリバティブ取引等又は第一種少額電子募集取扱業務又は商品関連市場デリバティブ取引取次ぎ等に係る業務のみを行う者
特　別　会　員	登録金融機関

3．目　的

　協会の目的は、協会員の行う有価証券の売買その他の取引等を公正かつ円滑ならしめ、金融商品取引業の健全な発展を図り、もって投資者の保護に資することである。

4．自主規制規則等

　協会員の営業ルールの確立は、協会の自主規制措置の最も重要な部分である。そのため、定款の規定において、協会は自主規制規則、統一慣習規則、紛争処理規則、協会運営規則その他の規則を定めることができることになっている。

自主規制規則	協会員の有価証券の売買その他の取引等に関する公正な慣習を促進して不当な利得行為を防止し、取引の信義則を助長するために定める規則

2 協会員の投資勧誘、顧客管理等に関する規則

1．基本姿勢、自己責任原則、顧客カードの整備

（1） 業務遂行の基本姿勢

　協会員は、その業務の遂行に当たっては、常に投資者の信頼の確保を第一義とし、金商法その他の法令諸規則等を遵守し、投資者本位の事業活動に徹しなければならない。

重要

　協会員は、**顧客の**投資経験、投資目的、資力等**を十分に把握し、顧客の**意向と実情**に**適合**した投資勧誘を行うよう努めなければならない（適合性の原則）**。

　また、協会員は、当該協会員にとって新たな有価証券等（有価証券、有価証券関連デリバティブ取引等）の販売を行うに当たっては、当該有価証券等の特性やリスクを十分に把握し、**当該有価証券等に適合する顧客が想定できないものは**販売してはならない。

　これは、合理的根拠適合性による規定である。

注意

「協会員は、新たな有価証券等の販売を行うに当たって、当該有価証券に適合する顧客が想定できないときは、顧客に特性やリスクを十分に説明し、顧客が理解できるようにしなければならない」と出題されると誤り。当該有価証券は、販売してはならない。

（2） 自己責任原則の徹底 重要

　協会員は、投資勧誘に当たっては、顧客に対し、「投資は**投資者自身の**判断と責任**において行うべきものである（自己責任原則）**」ことを理解させるものとし、顧客の側にも、この考え方を明確に持ってもらう必要がある。

（3） 顧客カードの整備等 重要

協会員は、有価証券の売買その他の取引等を行う顧客（特定投資家を除く）について、次に掲げる事項を記載した顧客カードを備え付けるものとされている。

①氏名又は名称　　　　　　②住所又は所在地及び連絡先
③生年月日（顧客が自然人（個人）の場合に限る）
④職業　　　　　　　　　　⑤投資目的
⑥資産の状況　　　　　　　⑦投資経験の有無
⑧取引の種類　　　　　　　⑨その他各協会員において必要と認める事項

注意

本籍地、家族構成、学歴などは顧客カードの記載事項ではない。

2．勧誘開始基準、取引開始基準、注意喚起文書の交付等、確認書の徴求等

（1） 勧誘開始基準 一種のみ

協会員は、顧客（個人に限り、特定投資家を除く）に対し、次に掲げる販売の勧誘【※】を行うに当たっては、それぞれ勧誘開始基準を定め、当該基準に適合し、リスクの説明を受けた顧客でなければ、販売の勧誘を行ってはならない。

①店頭デリバティブ取引に類する複雑な仕組債に係る販売
②店頭デリバティブ取引に類する複雑な投資信託に係る販売
③レバレッジ投資信託に係る販売　　　　　　　　　　など

【※】当該販売の勧誘の要請をしていない顧客に対し、訪問し又は電話により行うもの並びに、協会員の本店、その他の営業所又は事務所において行うものに限る。

◆レバレッジ投資信託の例

ブル型	「ブル」とは「相場の上昇」を意味し、先物の利用により相場の上昇に対し2倍以上の投資利益を目指す投資信託
ベア型	「ベア」とは「相場の下落」を意味し、先物の利用により相場の下落に対し2倍以上の投資利益を目指す投資信託

（2） 高齢顧客に対する勧誘による販売

協会員は、**高齢顧客**（個人に限り、特定投資家を除く）に**有価証券等の勧誘**による販売を行う場合には、当該協会員の業態、規模、顧客分布及び顧客属性並びに社会情勢その他の条件を勘案し、高齢顧客の定義、販売対象となる有価証券等、説明方法、受注方法等に関する社内規則を定め、**適正な投資勧誘**に努めなければならない。

（3） 取引開始基準

協会員は、以下に掲げるハイリスク・ハイリターンな特質を有する取引等を行うに当たっては、それぞれ取引開始基準を定め、その基準に適合した顧客との間で当該取引等の契約を締結するものとされている。

> ①信用取引[※]・外国株式信用取引
> ②**新株予約権証券**の売買その他の取引
> ③有価証券関連デリバティブ取引等
> ④特定店頭デリバティブ取引等
> ⑤商品関連市場デリバティブ取引取次ぎ等
> ⑥店頭取扱有価証券の売買その他の取引　　　　　　　　など

【※】信用取引とは、金融商品取引業者が顧客に信用を供与して行う有価証券の売買その他の取引をいい、信用の供与とは、顧客に対する金銭又は有価証券の貸付け又は立替をいう。

この**取引開始基準**は、顧客の投資経験、顧客からの預り資産その他各協会員において必要と認められる事項について**定めなければならない**。

（4） 注意喚起文書の交付等 一種のみ

協会員は、顧客（特定投資家を除く）と以下に掲げる有価証券等の販売に係る契約を締結しようとするときは、あらかじめ、当該顧客に対し、**注意喚起文書を交付**しなければならない。ただし、①から③は、契約の締結前1年以内に同種の有価証券等の販売に係る注意喚起文書を交付している場合及び目論見書の交付を受けないことについて同意している場合は、この限りではない。なお、④及び⑤は、契約を締結しようとする都度必要である。

> ①有価証券関連デリバティブ取引等（一定の取引を除く）
> ②特定店頭デリバティブ取引等
> ③商品関連市場デリバティブ取引取次ぎ等
> ④店頭デリバティブ取引に類する複雑な仕組債
> ⑤店頭デリバティブ取引に類する複雑な投資信託

（5）顧客からの確認書の徴求 （一種のみ）

協会員は、顧客（特定投資家を除く）と以下に掲げる契約を初めて締結しようとするときは、契約締結前交付書面等に記載された金融商品取引行為についてのリスク、手数料等の内容を理解させ、当該顧客の判断と責任において当該取引等を行う旨の確認を得るために、確認書を徴求するものとされている。

①**新株予約権証券**、新投資口予約権証券若しくはカバードワラントの売買その他の取引
②有価証券関連デリバティブ取引等
③特定店頭デリバティブ取引等
④商品関連市場デリバティブ取引取次ぎ等

（6）預金等との誤認防止

特別会員は、登録金融機関業務に関し、有価証券（**国債証券**等及び国債証券等のみの有価証券指数**を除く**）を取り扱う場合には、業務の方法に応じ、顧客（特定投資家を除く）の知識、経験及び財産の状況を踏まえ、顧客に対し、書面の交付その他の適切な方法により、これら有価証券と預金等との**誤認を防止するため**、次の事項を説明するものとされている。

重要

①預金等ではないこと
　（保険会社にあっては保険契約でないこと）
②預金保険法に規定する保険金の支払いの対象とはならないこと（保険会社にあっては保険業法に規定する補償対象契約に該当しないこと）
③金商法に規定する投資者保護基金による一般顧客に対する支払の対象ではないこと
④**元本の返済が**保証**されていないこと**
⑤契約の主体
⑥その他預金等との誤認防止に関し参考となると認められる事項

特別会員は、その営業所又は事務所において、前記に掲げる有価証券を取り扱う場合には、前記①～④までに掲げる事項を当該有価証券を取り扱う窓口を利用する顧客がその場で目視できる場所に適切に掲示する。

ただし、特別会員は、預金等との誤認防止に係る説明を、当該有価証券を取り扱う前に行い、かつ、約定までに書面の交付又は提示（タブレット端末等の画面表示を含む）を行う場合には、これ以外の場所に掲示しても差し支えない。

（7）　**新株予約権証券取引及びデリバティブ取引等の節度ある利用**　一種のみ

　協会員は、以下に掲げる契約の締結については、各社の規模、業務の実情に応じて、節度ある運営を行うとともに、**過度になることのないよう**常に留意するものとされている。

> ①信用取引
> ②新株予約権証券、新投資口予約権証券の売買その他の取引
> ③有価証券関連デリバティブ取引等
> ④特定店頭デリバティブ取引等
> ⑤商品関連市場デリバティブ取引取次ぎ等

　また、協会員は、以下に掲げる取引の建玉、損益、委託証拠金、預り資産等の状況について適切な把握に努めるとともに、当該取引等を重複して行う顧客の評価損益については、**総合的な管理を行う**ものとされている。

> ①顧客の有価証券関連デリバティブ取引等
> ②特定店頭デリバティブ取引等
> ③商品関連市場デリバティブ取引取次ぎ等

（8）　**過当勧誘の防止等**

①主観的又は恣意的な情報提供となる一律集中的推奨の禁止

　協会員は、顧客に対し、主観的又は恣意的な情報提供となる特定銘柄の有価証券又は有価証券の売買に係るオプションの一律集中的推奨をしてはならない。

②有価証券オプション取引の勧誘の自粛等　

　協会員は、**金融商品取引所が有価証券オプション取引の制限又は禁止措置を行っている銘柄**については、有価証券オプション取引の**勧誘を**自粛するものとされている。

　また、協会員は、上記に掲げる銘柄及び金融商品取引所により次に掲げる措置が採られている銘柄については、顧客から有価証券オプション取引を受託する場合において、当該顧客に対し、これらの措置が行われている旨及びその**内容を**説明しなければならない。

> ア）金融商品取引所が有価証券オプション取引に係る建玉に関して
> 　　注意喚起を行っている銘柄
> イ）金融商品取引所が有価証券オプション取引に係る委託証拠金の
> 　　差入日時の繰上げ、委託証拠金の率の引上げ又は買付代金の決
> 　　済日前における預託の受入れ措置を行っている銘柄

4・協会定款

3．顧客管理等

（1） 仮名取引の受託及び名義貸しの禁止 重要

　　協会員は、顧客から有価証券の売買その他の取引等の注文があった場合において、仮名取引であることを知りながら、当該注文を受けてはならない。

　　なお、協会員を含む金融機関には、犯罪収益移転防止法により、顧客の取引時確認が義務付けられている。

（2） 顧客情報の漏えい等の禁止

　　協会員は、顧客に関する情報を漏えいしてはならない。

　　協会員は、他の協会員の顧客に関する情報を不正に取得し、又は不正に取得した顧客に関する情報を業務に使用し若しくは漏えいしてはならない。

（3） 犯罪による収益の移転防止等に係る内部管理体制の整備

　　協会員は、犯罪収益移転防止法の規定に基づく疑わしい取引の届出を行う責任者を定め、犯罪による収益の移転防止及びテロリズムに対する資金供与防止のための内部管理体制の整備に努めるものとされている。

（4） 内部者登録カードの整備等

　　協会員は、上場会社等の特定有価証券等に係る売買等を初めて行う顧客から、**上場会社等の役員等に該当するか否かについて届出を求め、該当する者**については、上場会社等の特定有価証券等に係る売買等が行われるまでに内部者登録カードを備え付けなければならない。

◆内部者登録カードへの記載事項

> ア）氏名又は名称
> イ）住所又は所在地及び連絡先
> ウ）生年月日（顧客が自然人（個人）の場合に限る）
> エ）**会社名、役職名及び所属部署**
> オ）上場会社等の役員等に該当することとなる**上場会社等の名称**及び**銘柄コード**

　　また、協会員は、顧客に対し、上場会社等の役員等に該当するか否かについて変更があったときは、遅滞なく、当該変更内容について、届け出ることを約させなければならず、**変更の届出があったときは、遅滞なく、内部者登録カードを変更**しなければならない。

（5） 取引の安全性の確保 重要

　　協会員は、新規顧客、大口取引顧客等からの注文の受託に際しては、あらかじめ当該顧客から**買付代金又は売付有価証券の**全部又は一部の**預託を受ける等**取引の安全性の確保に努めなければならない。

注意

取引の安全性の確保について預託を受けるのは「全部」ではなく、「全部又は一部」であることに注意すること。

（6） 顧客の注文に係る取引の適正な管理

　　協会員は、有価証券の売買その他の取引等を行う場合には、**顧客の注文に係る取引と自己の計算による取引とを**峻別し、顧客の注文に係る伝票を速やかに作成のうえ、整理、保存しなければならない。

　　協会員は、顧客の注文に係る取引の適正な管理に資するため、**打刻機の適正な運用及び管理、コンピュータの不適正な運用の排除**等を定めた社内規則を整備しなければならない。

注意

「協会員は、有価証券の売買その他の取引等を行う場合には、<u>管理上必要と認められている場合に限り、</u>顧客の注文に係る取引と自己の計算による取引とを峻別しなければならない」と出題されると誤り。<u>例外なく</u>峻別しなければならない。

（7） 特別会員の顧客に対する融資等の便宜の提供の禁止 重要

　　特別会員は、顧客（特定投資家を含む）に対し、融資、保証等に関する**特別の便宜の提供を**約し、登録金融機関業務**に係る取引又は当該取引の**勧誘**を行ってはならない。

4・協会定款

（8）　特別会員の自動的な信用供与の禁止等 （一種のみ）

　特別会員は、登録金融機関業務に係る取引について、顧客に対し、損失の穴埋め、委託証拠金の新規又は追加の差入れのための信用の供与を自動的に行わないこととし、次に掲げる措置を講じなければならない。また、明らかに委託証拠金の新規又は追加の差入れのための信用の供与は行ってはならない。

> ①新規に国債証券等に係る有価証券先物取引等の専用口座（以下「債券先物取引用口座」という）を設定し、当該口座について当座貸越を禁止する。
> ②同一名義人の当座貸越設定口座から、債券先物取引用口座への自動振替は行わないこと。

（9）　非公開融資等情報の管理の徹底等

　特別会員は、登録金融機関金融商品仲介行為を行うに当たっては、有価証券の発行者である顧客の非公開融資等情報の管理及び当該情報に係る不公正取引の未然防止に関する社内規則を定めるとともに、これを役職員に周知し、その遵守徹底を図らなければならない。

（10）　投資信託等の損益の通知

　協会員は、顧客から保管の委託を受けている又は振替口座簿への記載若しくは記録により管理している投資信託等について、顧客に当該投資信託等に係る損益（トータルリターン）を通知しなければならない。

（11）　顧客管理体制の整備

　協会員は、有価証券の売買その他の取引等に係る顧客管理の適正化を図るため、顧客調査、取引開始基準、過当勧誘の防止、取引一任勘定取引の管理体制の整備等に関する社内規則を制定し、これを役職員に遵守させなければならない。

　協会員は、当該社内規則に基づき、顧客管理に関する体制を整備し、顧客の有価証券の売買その他の取引等の状況及び役職員の事業活動の状況について的確な把握に努めなければならない。

（12）　電磁的方法による書面の交付等

　協会員は、注意喚起文書の交付、確認書の徴求に代えて電磁的方法により提供をする又は受けることができる。

3 協会員における法人関係情報の管理態勢の整備に関する規則

協会員は、業務上取得する法人関係情報（**非公開の情報**）に関して、その情報を利用した不公正取引を防止するため、協会員における**法人関係情報の管理態勢等の整備**を図らなければならない。

法人関係情報の管理部門の明確化

協会員は、法人関係情報の管理部門を定めなければならない。
管理部門とは、法人関係情報を統括して管理する部門をいう。

社内規則の制定

協会員は、法人関係情報の管理に関し、その情報を利用した不公正取引が行われないよう、**法人関係情報を取得した際の手続に関する事項**などについて規定した**社内規則を定めなければならない**。

法人関係情報を取得した際の手続

協会員は、法人関係情報を取得した役職員に対し、当該取得した法人関係情報を直ちに管理部門に報告するなど**法人関係情報を取得した際の管理のために必要な手続**を定めなければならない。

法人関係情報の管理

協会員は、法人関係部門について、**他の部門から物理的に隔離する**等、法人関係情報が**業務上不必要な部門に伝わらないよう管理**しなければならない。また、法人関係情報に該当しない場合でも、職務上あるいは立場上知り得た情報が、投資者の投資判断に重大な影響を及ぼすと認められるものについては、投資家に提供することにより、市場の公正性・公平性を損なうことのないよう注意しなければならない。
法人関係部門とは、主として業務（金融商品取引業及びその付随業務又は登録金融機関業務をいう）を行っている部門のうち、主として業務上、**法人関係情報を取得する可能性の高い部門**をいう。

管理態勢の充実

協会員は、法人関係情報の管理に関し、社内規則に基づき適切に行われているか否かについて、定期的な検査等の**モニタリングを行わなければならない**。

4 有価証券の寄託の受入れ等に関する規則

この規則は、顧客からの有価証券の寄託の受入れ、顧客に対する報告、債権・債務の残高の照合に関する処理方法等について規定したものである。

（1） 寄託の受入れ等の制限

特別会員が顧客から登録金融機関業務に係る有価証券の寄託の受入れ等を行うことができるのは、次の場合に限定されている。

単純な寄託契約による場合	顧客から有価証券の保管の委託を受け、その有価証券を顧客ごとに個別に保管する場合をいう。
委任契約による場合	顧客から有価証券に関する常任代理業務に係る事務の委任を受ける場合をいう。
混合寄託契約による場合	混合保管とは、複数の顧客から預託を受けた同一銘柄の有価証券を混合して保管し、その返還に当たっては、各自の寄託額に応じて混合物から返還する場合をいう。
質権者である場合	特別会員が質権者である場合とは、例えば、特別会員が立替金の担保として、顧客から有価証券を預かっている場合等をいう。
消費寄託契約による場合	消費寄託とは、受託者が寄託物を消費し、後日、それと同種同等、同量（同一銘柄、同一数量）のものを返還することを約する寄託である場合をいう。

（2） 保護預り契約

重要

①保護預り契約の締結

特別会員は、顧客から単純な寄託契約又は混合寄託契約により有価証券の寄託を受ける場合には、当該顧客と登録金融機関業務に関する業務内容方法書に定める**保護預り規程に基づく有価証券の**寄託（以下「保護預り」という）**に関する契約を締結しなければならない。**

②顧客への通知

特別会員は、顧客から保護預り口座設定申込書の提出があり、この**申込みを承諾した場合**には、遅滞なく**保護預り口座を設定**し、その旨を当該顧客に通知**しなければならない。**

注意

「特別会員は、顧客の保護預り口座を設定した場合、その旨を当該顧客に通知する<u>必要はない</u>」と出題されると誤り。<u>通知する義務がある。</u>

③抽選償還が行われることのある債券についての保護預り

特別会員は、抽選償還が行われることのある債券について顧客から混合寄託契約により寄託を受ける場合は、その**取扱方法についての**社内規程を設け、事前にその社内規程について**顧客の了承を得る必要がある。**

注意

「特別会員は、債券の混合寄託契約において抽選償還が行われる旨を顧客に<u>通知する必要はない</u>」と出題されると誤り。<u>事前に顧客の了承を得る義務がある。</u>

④保護預り口座による出納保管

特別会員は、顧客の保護預り口座を設定した場合は、当該顧客から単純な寄託契約又は混合寄託契約により**寄託を受けた有価証券を、すべてその口座により出納保管しなければならない。**

4・協会定款

⑤**保護預り契約の適用除外**

次に掲げる有価証券の寄託については、保護預り契約を締結する必要はない。

ア）累積投資契約に基づく有価証券

イ）**常任代理人契約に基づく有価証券**　　　　　　　　　　　*など*

注意
「特別会員は、累積投資契約に基づく有価証券の寄託については、顧客と保護預り契約を締結しなければならない」と出題されると誤り。保護預り契約の適用から除外される。

⑥保護預り規程

保護預り規程は、有価証券の「保護預り」に関し、**受託者たる特別会員**と**寄託者たる顧客**との間の権利義務関係を明確にしたものであり、保護預り証券の出納、保管等について、細目にわたり規定すべきものである。

（3）照合通知書及び契約締結時交付書面

①照合通知書による報告

特別会員は、次に掲げる区分に従って、**それぞれに定める頻度で**、照合通知書により顧客に報告しなければならない。

ア）有価証券関連市場デリバティブ取引、選択権付債券売買取引、有価証券関連店頭デリバティブ取引、特定店頭デリバティブ取引及び商品関連市場デリバティブ取引のある顧客	1年に2回以上
イ）登録金融機関業務に係る有価証券の残高がある顧客（アに掲げる取引のある顧客を除く）	1年に1回以上
ウ）登録金融機関業務に係る金銭又は有価証券の残高がある顧客で、アに掲げる取引又は受渡しが1年以上行われていない顧客	随　時

注意
「顧客に対する債権債務の残高について、半年に1回以上照合通知書により報告しなければならない」と出題されると誤り。顧客の区分に従ってそれぞれに定める頻度である。

②照合通知書の作成・交付の免除

取引残高報告書を定期的に交付し又は**通帳方式**により通知している顧客であり、当該取引残高報告書又は当該通帳に照合通知書に記載すべき項目を記載している場合には、**照合通知書の作成・交付が**免除される。

③照合通知書への記載事項

照合通知書に記載すべき事項は、登録金融機関業務に係る次に掲げる金銭又は有価証券の残高である。

> **重要** ア）立替金**及び**預り金**の直近の残高**
>
> **重要** イ）単純な寄託契約、委任契約又は混合寄託契約に基づき寄託を受けている有価証券及び振替口座簿への記載又は記録等により管理している有価証券（下記ウ～カに掲げるものを除く）**の直近の残高**
>
> ウ）有価証券関連市場デリバティブ取引及び商品関連デリバティブ取引の委託証拠金及び同代用有価証券の直近の残高
>
> エ）有価証券関連店頭デリバティブ取引の担保金及び担保有価証券の直近の残高
>
> オ）選択権付債券売買取引に係る売買証拠金及び同代用有価証券等の直近の残高
>
> カ）特定店頭デリバティブ取引の担保金及び担保有価証券の直近の残高
>
> キ）選択権付債券売買取引、有価証券関連市場デリバティブ取引、有価証券関連店頭デリバティブ取引、特定店頭デリバティブ取引又は商品関連市場デリバティブ取引に係る未決済勘定の直近の残高

顧客が**特定投資家の場合**であって、顧客からの照会に対して速やかに回答できる体制が整備されている場合には、**報告を省略できる。**

重要

金銭及び有価証券等の残高がない場合でも、直前に行った報告以後 1 年に満たない期間においてその残高があったものについては、照合通知書により、**現在その残高がない旨を**報告しなければならない。

注意

「残高のない顧客には照合通知書による<u>報告義務はない</u>」と出題されると誤り。

4・協会定款

83

④照合通知書の作成・交付

照合通知書の作成は、**特別会員の**検査、監査**又は**管理**を担当する部門**で行うこととされている。

照合通知書には、次に掲げる事項を見やすいように表示しなければならない。

ア）顧客が照合通知書を受け取ったときは、その記載内容を確認すること
イ）照合通知書の内容に相違又は疑義があるときは、遅滞なく、当該特別会員の**検査、監査又は管理を担当する部門の責任者に直接照会**すること
ウ）上記イに係る連絡先

特別会員は、照合通知書を顧客に交付するときは、顧客との直接連絡を確保する趣旨から、当該顧客の住所、事務所の所在地又は当該顧客が指定した場所に郵送**することを原則**としている。

ただし、照合通知書を直ちに顧客に交付できる状態にある場合において、これを当該顧客に店頭で直接交付する場合又は当該顧客からその交付方法について特に申出があった場合において、協会が定める方法による処理を行うときはこの限りではない。

注意

「照合通知書を顧客に交付するときは、顧客との直接連絡を確保する趣旨から、直接顧客に手渡すことを原則としている」と出題されると誤り。郵送が原則である。

重要

⑤顧客からの照会についての回答

顧客から金銭、有価証券の残高について照会があったときは、**特別会員の**検査、監査**又は**管理**を担当する部門**がこれを受け付け、**遅滞なく回答**を行わなければならない。

注意

「顧客から金銭、有価証券の残高について照会があったときは、特別会員の検査、監査又は管理の担当部門がこれを受け付け、営業部門から回答を行わなければならない」と出題されると誤り。

特別会員は、その照会が金融商品仲介業務に係るものであったときは、必要に応じて、金融商品仲介業務の委託を行う金融商品仲介業者に報告を求め、調査しなければならない。

⑥契約締結時交付書面の交付

契約締結時交付書面の送付についても、照合通知書の場合と同様、顧客との直接連絡を確保する趣旨から、当該顧客の住所、事務所の所在地又は当該顧客が指定した場所に郵送することを原則としている。

ただし、契約締結時交付書面を直ちに顧客に交付できる状態にある場合において、これを当該顧客に店頭において直接交付する場合又は当該顧客から交付方法について特に申出があった場合において、協会が定める方法による処理を行うときは、郵送以外の方法でもよい。

注意

契約締結時交付書面も郵送が原則である。

顧客が法人又はこれに準じる団体である場合において、特別会員の主管責任者[※]又は主管責任者の承認を受けた従業員が契約締結時交付書面を当該顧客の事務所に持参して直接交付したときは、郵送により交付したものとみなされる。

【※】登録金融機関業務を行う営業所又は事務所ごとに定める営業、検査、監査若しくは管理を担当する部門の責任者をいう。

1．協会員の内部管理責任者等に関する規則

（1）　内部管理責任者等の制度

　金商法その他の法令諸規則等の遵守状況を管理する業務に従事する役員及び従業員を配置することにより、協会員の内部管理態勢を強化し、適正な営業活動を遂行するものである。

内部管理統括責任者	会社全体に責任を有する
営業責任者・内部管理責任者	各営業単位（支店等）に責任を有する

（2）　内部管理統括責任者

登　　録	協会員は、内部管理統括責任者1名を定め、協会が備える内部管理統括責任者登録簿に登録を受けなければならない
資格要件	特別会員の内部管理統括責任者は、原則として、登録金融機関業務の内部管理を担当する役員でなければならない
責　　務	・自ら金商法その他の法令諸規則等を遵守する ・役員又は従業員に対し、金商法その他の法令諸規則等の遵守の営業姿勢を徹底させる ・投資勧誘等の営業活動、顧客管理が適正に行われるよう、内部管理態勢の整備に努める
交代勧告	協会は、内部管理統括責任者及び内部管理統括補助責任者に対して交代の勧告を行うことができる

（3）　営業責任者

　協会員は、投資勧誘等の営業活動、顧客管理を行う本店、その他の営業所又は事務所について、営業単位を定め、当該営業単位の長を営業責任者に任命し、配置しなければならない。

　投資勧誘等の営業活動、顧客管理が適正に行われるよう、指導、監督しなければならない。

（4） 内部管理責任者

　協会員は、投資勧誘等の営業活動、顧客管理を行う本店、その他の営業所又は事務所について、営業単位ごとに内部管理業務の管理職者を内部管理責任者に任命し、配置しなければならない。

　内部管理責任者は、営業責任者を牽制することが期待されているため、**営業責任者と内部管理責任者は兼務することができない**。

（5） 内部管理統括責任者への報告

　営業責任者及び内部管理責任者は、自らが任命された営業単位における投資勧誘等の営業活動、顧客管理に関し、**重大な事案が生じた場合には**、速やかにその内容を内部管理統括責任者に**報告**し、その指示を受けなければならない。

> **注意**
> 「内部管理責任者は、自らが任命された営業単位における投資勧誘等の営業活動、顧客管理に関し、重大な事案が生じた場合には、営業責任者を経由して内部管理統括責任者に報告しなければならない」と出題されると誤り。直接、内部管理統括責任者に報告しなければならない。

2．金融サービス仲介業者を通じた有価証券の販売に関する規則

（1） 目的

　この規則は、協会員が金融サービス仲介業者を通じて有価証券を販売するにあたり遵守すべき事項等を定め、金融サービス仲介業者を介した取引の適正化を図り、もって投資者保護に資することを目的として定められたものである。

（2） 金融サービス仲介業者の定義

　金融サービス仲介業者とは、金商法ではなく、金融サービスの提供及び利用環境の整備等に関する法律上の登録を受けることで、証券・銀行・保険・貸金分野のサービスの仲介をワンストップで行うことが認められているものである。

　また、金融商品仲介業者とは異なり、特定の金融機関への所属を求められておらず、協会員と対等な関係となる。

6 協会員の従業員に関する規則

　この規則は、金融商品取引業の公共性及び社会的使命の重要性にかんがみ、協会員の従業員の服務基準等を定めるとともに、協会員の監督責任を明確化し、もって投資者の保護に資することを目的として定められたものである。

（1）　従業員の定義

　従業員とは、特別会員にあっては、その使用人（出向により受け入れた者を含む）で国内に所在する本店その他の営業所又は事務所において、**登録金融機関業務に従事する者**をいう。

（2）　従業員の採用

従業員の採用の禁止	従業員に対する監督責任の所在を明らかにするため、協会員が、他の協会員の使用人を自己の従業員として**採用することは禁止**されている ただし、**出向により受け入れる場合**等については、この規制の対象外となっている
採用時の照会	協会員は、他の協会員の従業員であった者又は現に他の協会員の従業員である者等を採用しようとする場合は、一級不都合行為者としての取扱い又は二級不都合行為者としての取扱い及び処分について、所定の方法により**協会に照会**しなければならない 協会は、照会を受けたときは、当該照会に係る者について、一級不都合行為者としての取扱いの決定の有無及びその概要又は回答を行う日前5年間における協会による取扱いの決定並びに処分の有無及びその概要を所定の方法により当該照会を行った協会員に回答する

注意
「協会員が、他の協会員の使用人を自己の従業員として採用することは、たとえ出向により受け入れ採用する場合においても禁止されている」と出題されると誤り。

（3）　禁止行為

　金融商品取引業者等の役員及び従業員の禁止行為に関する一連の規定は、投資者保護、公正な取引の確保を図り、同時に金融商品取引業者・資本市場に対する信頼を確保することを主眼に設けられているものである。

　次の（①〜⑮）に掲げる行為等が、従業員の禁止行為に当たる。

【重要】

①信用取引及び有価証券関連デリバティブ取引等の禁止
　協会員は、その従業員がいかなる名義を用いているかを問わず、自己の計算において、信用取引、有価証券関連デリバティブ取引、特定店頭デリバティブ取引等又は商品関連市場デリバティブ取引を行うことのないようにしなければならない。

【注意】
「協会員の従業員は、いかなる名義を用いているかを問わず、原則として自己の計算において有価証券関連デリバティブ取引を行ってはならない」と出題されると正しい。

【重要】

②いわゆる「仮名取引の受託」の禁止
　従業員は、顧客から有価証券の売買その他の取引等の注文を受ける場合において、仮名取引であることを知りながら当該注文を受けてはならない。

　「仮名取引」とは、口座名義人とその口座で行われる取引の効果帰属者が一致しない取引のことであり、顧客が架空名義あるいは他人の名義を使用してその取引の法的効果を得ようとする取引のことをいう。

　なお、口座名義人の配偶者や二親等内の血族である者などの密接な関係にある親族から注文がなされた場合においては、その確認が行われているのであれば、この規定において禁止している仮名取引でない蓋然性が高いといえる。

③有価証券の売買その他の取引等について、顧客と損益を共にすることを約束して勧誘し又は実行してはならない。

【注意】
「協会員の従業員は、有価証券の売買その他の取引について、顧客と損益を共にすることを約束して勧誘することができる」と出題されると誤り。

④損失補塡等の禁止に該当する行為を行ってはならない。

重要

⑤顧客から有価証券の売買その他の取引等の注文を受けた場合において、**自己が**その相手方**となって**有価証券の売買その他の取引等を成立させてはならない。

注意
ここでいう自己とは、従業員のことである。金融商品取引業者等は、取引態様を説明すればいわゆる仕切売買はできるが、従業員のいわゆる呑み行為は禁止されている。

⑥顧客の有価証券の売買その他の取引等又はその名義書換えについて自己若しくはその親族、その他自己と特別の関係にある者の名義又は住所を使用させてはならない。

⑦自己の有価証券の売買その他の取引等について**顧客の名義又は住所を使用してはならない。**

⑧顧客から有価証券の名義書換え等の手続きの依頼を受けた場合において、所属協会員**を通じ**ないでその手続きを行ってはならない。

注意
「顧客から有価証券の名義書換え等の手続きの依頼を受けた場合、株主名簿管理人である信託銀行で手続きすることができる」と出題されると誤り。

⑨有価証券の売買その他の取引等に関して**顧客と金銭、有価証券の貸借（顧客の債務の立替を含む）を行ってはならない。**

⑩顧客に関する情報を不正に取得し、それを業務に使用若しくは漏えいしてはならない。

⑪広告審査担当者の審査を受けずに、従業員限りで広告等の表示又は景品類の提供を行ってはならない。

注意
「営業責任者の審査を受けずに、従業員限りで広告等の表示又は景品類の提供を行うことは禁止されている」と出題されると誤り。広告審査担当者の審査を受ける。

⑫顧客から取引所金融商品市場において行う有価証券の売付けの注文を受ける場合において、当該有価証券の売付けが空売りであるか否かの別を確認せずに注文を受けてはならない。

⑬投資信託受益証券等の乗換えを勧誘するに際し、顧客（特定投資家を除く）に対して、当該乗換えに関する重要な事項について説明を行わないことは禁止行為に当たる。

⑭特定投資家以外の顧客に対して行う上場CFD取引に係る契約の勧誘に関して、**勧誘受諾意思の確認義務**及び**再勧誘の禁止**が課される。

⑮顧客に対して、融資、保証に関する特別の便宜の提供を約し、登録金融機関業務に係る取引又は当該取引を**勧誘してはならない**。

（4） 不適切行為

協会員は、その従業員が次の①～④に掲げる行為（以下「不適切行為」という）を行わないよう**指導及び監督**しなければならない。

①	有価証券の売買その他の取引等において銘柄、価格、数量、指値又は成行の区別等顧客の注文内容について確認を行わないまま注文を執行すること（未確認売買）
②	重要 有価証券等の性質又は取引の条件について、**顧客を誤認させるような勧誘**をすること（誤認勧誘）
③	有価証券の売買その他の取引等において、有価証券の価格、オプションの対価の額の騰貴若しくは下落等について、顧客を誤認させるような勧誘を行うこと（誤認勧誘）
④	有価証券の売買その他の取引等に係る顧客の注文の執行において、過失により事務処理を誤ること（事務処理ミス）

（5） 事故報告

①事故連絡

協会員は、その従業員又は従業員であった者（以下「従業員等」という）に前述の禁止行為又は不適切行為（以下「事故」という）のあったことが判明した場合は、不適切行為が過失による場合を除き、直ちにその内容を記載した所定の様式による事故連絡書を協会に提出しなければならない。

②事故顛末報告

協会員は、事故（不適切行為が過失による場合を除く）の詳細が判明したときは、当該従業員等について当該事故の内容等に応じた適正な処分を行い、遅滞なく、その顛末を記載した所定の様式による事故顛末報告書を協会に提出しなければならない。

（6） 不都合行為者制度

協会は、事故顛末報告書又は協会が適当と認める資料に基づき、審査を行った結果、従業員等が退職し又は協会員より解雇に相当する社内処分を受けた者又は登録を取り消された協会員の従業員で、かつ、その行為が金融商品取引業の信用を著しく失墜させるものと認めたときは、決定により、その者を**不都合行為者として取扱い、外務員資格、営業責任者資格及び内部管理責任者資格を取り消す。**

不都合行為者のうち、金融商品取引業の信用への影響が特に著しい行為を行ったと認められる者を一級不都合行為者として、その他の者を二級不都合行為者として取り扱う。

重要

一級不都合行為者	期限を設けずに協会員の従業員としての**採用が禁止**される
二級不都合行為者	二級不都合行為者としての取扱いの決定の日から**5年間**、協会員の従業員としての**採用が禁止**される

7 協会員の外務員の資格、登録等に関する規則

この規則は、協会員の外務員の資質の向上及び外務員登録制度の的確かつ円滑な運営を図り、もって投資者の保護に資することを目的に定められたものである。

（1） 外務員 重要

この規則において「外務員」とは、協会員の役員又は従業員のうち、その協会員のために、外務員の職務を行う者をいう。

なお、みなし有価証券は、外務員の職務の対象とならない。

特別会員 一種外務員	外務員のうち、登録金融機関業務に係る外務員の職務を行うことができる者をいう。 具体的には、債券、投資信託、国債先物取引、国債先物オプション取引等の業務を行うことができる。 特定店頭デリバティブ取引及び商品関連取引デリバティブ取引等は一定の要件を満たせば外務員の職務を行うことができる。
特別会員 二種外務員	外務員のうち、登録金融機関業務に係る職務（有価証券関連デリバティブ取引等及び選択権付債券売買取引に係る業務を除く）を行うことができる者をいう。 具体的には、債券、投資信託等の業務を行うことができる。 一定の要件を満たした場合、特定店頭デリバティブ取引等に係る外務員の職務を行うことができる。 有価証券関連デリバティブ取引等、選択権付債券売買取引、新投資口予約権証券、店頭デリバティブ取引に類する複雑な仕組債、**店頭デリバティブ取引に類する複雑な投資信託**、レバレッジ投資信託に係る外務員の職務は行うことができない。

4・協会定款

93

（2） 外務員資格 重要

協会員は、その役員又は従業員のうち、外務員の種類ごとに定める一定の資格を有し、かつ外務員の登録を受けた者でなければ、外務員の職務を行わせてはならない。

> 注意
> 「協会員は営業所の中においては、内部管理責任者の立会があれば、例外として外務員登録のない者に外務員の職務を行わせることができる」と出題されると誤り。営業所の内外を問わず外務員資格のない者に外務員の職務を行わせてはならない。

> 注意
> 「協会員が外務員の職務を行わせることができる者は、外務員資格を有する者又は外務員の登録を受けた者である」と出題されると誤り。外務員資格を有し、かつ、登録を受けた者である。

（3） 外務員の登録

協会員は、その役員又は従業員に外務員の職務を行わせる場合は、その者の氏名、生年月日その他の事項につき、協会に備える外務員登録原簿に登録を受けなければならない。

（4） 外務員についての処分等

①外務員の登録に関する処分

協会は、次（ア〜ウ）の場合にはその外務員登録を取り消し、又は2年以内の期間を定めて外務員の職務を停止する処分を行うことができる。

> 注意
> 「外務員は、いかなる場合も登録を取り消されることはない」と出題されると誤り。

ア	登録を受けている外務員が金商法に定める欠格事由に該当したとき又は登録の当時既に登録拒否要件に該当していたことが判明したとき
イ	金融商品取引業のうち外務員の職務又はこれに付随する業務に関し法令に違反したとき
ウ	その他外務員の職務に関して著しく不適当な行為をしたと認められるとき

②外務員の職務禁止措置

　協会は、外務員（外務員であった者を含む）が外務員の職務又はこれに付随する業務に関し法令に違反したとき、その他外務員の職務に関して著しく不適当な行為をしたと認められるときは、決定により、当該行為時に所属していた協会員に対し当該外務員につき**5年以内**の期間を定めて**外務員の職務を禁止**する措置を講じる。

（5）　外務員に対する資格更新研修

　重要　協会員は、次に掲げる期間（受講義務期間）内に、協会の外務員資格更新研修を受講させなければならないこととなっている。

登録を受けている外務員	外務員登録日を基準として5年目ごとの日の属する月の初日から1年間
外務員登録を受けていない者	新たに外務員の登録を受けたときは、外務員登録日後180日

　受講義務期間内に外務員資格更新研修を修了しなかった場合には、外務員資格更新研修を修了するまでの間、すべての外務員資格の効力が停止し外務員の職務を行うことができなくなる。また、**受講義務期間の最終日の翌日から180日までの間に外務員資格更新研修を修了しなかった場合**には、すべての外務員資格が**取り消される**。

（6）　資質向上のための社内研修

　協会員は、登録を受けている外務員について、外務員資格更新研修とは別に、毎年、外務員の**資質向上のための社内研修を受講**させなければならない。

8 広告等の表示及び景品類の提供に関する規則

（1）目　的

　この規則は、協会員が行う広告等の表示及び景品類の提供に関し、表示、方法及び遵守すべき事項等を定めることにより、その適正化を図り、もって投資者の保護に資するため定められたものである。

（2）定　義

　金融商品取引業の内容について金商法に規定する広告及び金商業府令（金融商品取引業等に関する内閣府令）に規定する行為により行う表示を「広告等の表示」という。

（3）広告等の表示及び景品類の提供の基本原則

①広告等の表示を行うときは、投資者保護の精神に則り、取引の信義則を遵守し、品位の保持を図るとともに、的確な情報提供及び明瞭かつ正確に表示を行うよう努めなければならない。
②景品類の提供を行うときは、取引の信義則を遵守し、品位の保持を図るとともに、その適正な提供に努めなければならない。

（4）禁止行為

　協会員は、以下のいずれかに該当し又は該当するおそれのある広告等の表示を行ってはならない。

①取引の信義則に反するもの
②協会員としての品位を損なうもの
③金商法その他の法令等に違反する表示のあるもの
④脱法行為を示唆する表示のあるもの
⑤投資者の投資判断を誤らせる表示のあるもの
⑥協会員間の公正な競争を妨げるもの
⑦恣意的又は過度に主観的な表示のあるもの
⑧判断、評価等が入る場合において、その根拠を明示しないもの

注意
「判断、評価等が入る広告をしてはならない」と出題されると誤り。根拠を明示した判断、評価は容認されている。

（5）　協会員の内部審査等

重要

①協会員は、**広告等の表示又は景品類の提供**を行うときは、広告等の表示又は景品類の提供の**審査を行う担当者**（以下「広告審査担当者」という）を任命し、禁止行為に違反する事実がないか否かを、**審査させなければならない。**

②協会員は、次のいずれかに該当する者でなければ、広告審査担当者に任命してはならない。

ア）内部管理統括責任者

イ）「証券外務員等資格試験規則」に規定する会員営業責任者資格試験又は特別会員営業責任者資格試験の合格者

ウ）「外務員等資格試験に関する規則」に規定する会員内部管理責任者資格試験又は特別会員内部管理責任者資格試験の合格者

エ）その知識等からみて協会が広告等の表示及び景品類の提供を行わせることが適当であると認めた者　　　　　　　　　　など

4・協会定款

9 その他の規則

1．公社債の店頭売買の参考値等の発表及び売買値段に関する規則

公社債の流通市場には、取引所金融商品市場と店頭市場とがあるが、その**取引のほとんどは、店頭市場において行われている**。そこで、協会では協会員が顧客との間において行う公社債の店頭売買の参考に資するため、売買参考統計値を発表しているほか、店頭売買に関し必要な事項を定めている。

（1）　売買参考統計値の発表 重要

協会は、協会員が顧客との間において行う公社債の店頭売買の際に協会員及び顧客の参考に資するため、協会が指定する協会員からの報告に基づき、**売買参考統計値を毎営業日発表**している。

> 注意
> 「売買参考統計値は、日本証券業協会より<u>毎週発表されている</u>」と出題されると誤り。<u>毎営業日発表されている</u>。

（2）　取引公正性の確保等

①	協会員は、顧客との間で公社債の店頭売買を行うに当たっては、合理的な方法で算出された時価（以下「社内時価」という）を基準として適正な価格により取引を行い、その取引の公正性を確保しなければならない
②	協会員は、**公社債の額面**1,000**万円未満の取引を行う顧客（小口投資家）**との店頭取引に当たっては、価格情報の提示や公社債店頭取引の知識啓発に十分留意し、より一層取引の公正性に配慮することや、**上場公社債の取引**を初めて行う小口投資家に対する**取引所金融商品市場**における**取引と店頭取引の相違点についての説明等**が義務付けられている
③	協会員は、**国債の発行日前取引**を初めて行う顧客に対し、あらかじめ当該取引が**停止条件付売買**であること及び停止条件不成就の場合の取扱いなどについて説明するものとする

> 注意
> 「公社債の<u>額面100万円未満</u>の取引を行う顧客を小口投資家という」と出題されると誤り。額面1,000万円未満である。

（3） 異常な取引の禁止

協会員は、顧客の損失を補塡し、又は利益を追加する目的をもって、次に掲げる行為（異常な取引）を行ってはならない。

①	同一銘柄の公社債の店頭取引において、当該顧客又は第三者に有利となり、協会員に不利となる価格で売付けと買付けを同時に行う取引
②	顧客に公社債を売却し、又は顧客から買い付ける際に、当該顧客に有利になるように買い戻し、若しくは売却をすること、又は約定を取り消すことをあらかじめ約束して行う取引
③	第三者と共謀し、顧客に公社債を売却し、又は顧客から買い付ける際に、その顧客に確実な利益を得ることが、その第三者に売却し、又は買付けることによって可能となるよう、あらかじめ約束して行う取引

（4） 約定処理の管理等

協会員は、公社債の店頭取引を行ったときは、約定時刻等を記載した当該注文に係る伝票等を速やかに作成し、整理、保存する等適切な管理を行わなければならない。

２．外国証券の取引に関する規則

この規則は、協会員が顧客との間で行う外国証券の取引及び外国株券等の国内公募の引受等について、協会員の遵守すべき事項を定めたものである。

（1） 契約の締結及び約款による処理

協会員は、顧客から外国証券の取引の注文を受ける場合には、当該顧客と**外国証券の取引に関する契約を締結**しなければならない。

協会員は顧客と当該契約を締結しようとするときは、**外国証券取引口座に関する**約款（以下「約款」という）**を当該顧客に**交付し、当該顧客から約款に基づく**取引口座の設定に係る申込み**を受けなければならない。

約款とは、顧客の注文に基づく外国証券の売買等の執行、売買代金の決済、証券の保管、配当・新株予約権その他の権利の処理等について規定したものであり、**顧客との外国証券の取引は、公開買付けに対する売付けを取り次ぐ場合を除き、約款の条項に従って行わなければならない。**

（2）　遵守事項

　外国証券については、募集及び売出し等の場合を除き金商法に基づく企業内容等の開示が行われておらず、投資者の入手し得る情報が限られていることから、協会員は、顧客に対する外国証券の投資勧誘に際しては、顧客の意向、投資経験及び資力等に適合した投資が行われるよう十分配慮しなければならない。

（3）　資料の提供等

　協会員は顧客から、国内で開示が行われていない外国証券の取引の注文を受ける場合には、顧客にこの旨を説明し、あらかじめ注意喚起しなければならない。

　協会員は、顧客から保管の委託を受けた外国証券について、発行者から交付された通知書及び資料等を保管し、当該顧客の閲覧に供するとともに、顧客より請求を受けた場合には、発行者から交付された通知書及び資料等を交付しなければならない。

　協会員は、外国証券の発行者が公表した顧客の投資判断に資する重要な資料を、顧客の閲覧に供するよう努めなければならない。

> **注意**
> 「協会員は顧客から、国内で開示が行われていない外国証券の取引の注文を受けてはならない」と出題されると誤り。

（4） 外国投資信託証券の販売等

外国投資信託証券には、わが国にはみられない形態があり、その種類も多いので、国内において販売等が行われる外国投資信託証券については、特に投資者保護の観点から、その選別基準、資料の公開、販売方法等についての規定が設けられている。

①対象証券

協会員が顧客（適格機関投資家を除く）に勧誘を行うことにより販売等ができる外国投資信託証券は、一定の要件を満たす国又は地域の法令に基づき設立され、募集の取扱い又は売出しに該当する場合は、外国投資信託受益証券又は外国投資証券ごとにそれぞれ規定されている**「選別基準」に適合しており、投資者保護上問題がないと協会員が確認した外国投資信託証券**であることとされている。

②選別基準

外国投資信託証券の選別基準は、この規則において外国投資信託受益証券、外国投資証券の別に定められている。

重要

③買戻し義務

協会員は、外国投資信託証券が選別基準に適合しなくなった場合においても、顧客から買戻しの取次ぎ又は解約の取次ぎの注文があったときは、これに応じなければならない。

注意

「協会員は、外国投資信託証券が選別基準に適合しなくなったときは、遅滞なくその旨を顧客に通知しなければならないが、顧客から買戻しの取次ぎ又は解約の取次ぎの注文があったとしても、これに応じなくてもよい」と出題されると誤り。これに応じなければならない。

④資料の公開

協会員は、外国投資信託証券を販売した顧客に対しては、その投資信託証券に関する決算報告書その他の書類を送付しなければならない。

協会員は、**自社が販売した外国投資信託証券が選別基準に適合しなくなった場合には、遅滞なくその旨を当該顧客に通知**しなければならない。

3．CFD取引 一種のみ
（1） CFD取引とは
協会員が顧客から証拠金の預託を受け、有価証券や有価証券指数を参照とする取引開始時の取引価格と取引終了時の取引価格との差額により差金決済を行う取引のことをいう。

（2） 勧誘についての禁止行為
◆個人を相手方とするCFD取引の勧誘についての禁止行為 重要

上場CFD取引	勧誘受諾意思の確認義務 再勧誘の禁止
店頭CFD取引	不招請勧誘の禁止 勧誘受諾意思の確認義務 再勧誘の禁止

【注】店頭CFD取引は、勧誘そのものが禁止されている。

不招請勧誘の禁止	勧誘の要請をしていない顧客に対し、訪問又は電話により勧誘をする行為
勧誘受諾意思の確認義務	勧誘に先立って、顧客に対し、その勧誘を受ける意思の有無を確認しないで勧誘をする行為
再勧誘の禁止	勧誘を受けた顧客が当該契約の締結をしない旨の意思を表示したにもかかわらず、当該勧誘を継続する行為

◎演習問題◎

次の文章について、正しい場合は○、正しくない場合は×にマークしなさい。

1. 協会員は、高齢顧客に有価証券等の勧誘による販売を行う場合には、当該協会員の業態、規模、顧客分布及び顧客属性並びに社会情勢その他の条件を勘案し、高齢者の定義、販売対象となる有価証券等に関する社内規則を定め適正な投資勧誘に努めなければならない。

2. 協会員は、有価証券関連デリバティブ取引等を行う場合は、日本証券業協会の定める取引開始基準に適合した顧客との間で契約を締結する。

3. 協会員は、新規顧客、大口取引顧客等からの注文の受託に際しては、あらかじめ当該顧客から買付代金又は売付有価証券の全部又は一部の預託を受ける等、取引の安全性の確保に努めなければならない。

4. 協会員は、有価証券の売買その他の取引等を行う場合には、顧客の注文に係る取引と、自己の計算による取引とを峻別しなければならない。

5. 協会員は、照合通知書を顧客に交付するときは、当該顧客の住所、事務所又は当該顧客が指定した場所に郵送することを原則としている。

6. 協会の従業員は、顧客から有価証券の売買注文を受けた場合において、当該顧客から書面による承諾を受けた場合に限り、自己が相手方となって売買を成立させることができる。

7. 協会員の従業員は、有価証券の売買その他取引等に関して顧客と金銭、有価証券の貸借を行うことができる。

8. 受講義務期間内に外務員資格更新研修を修了しなかった場合、外務員資格が取り消されることがある。

9. 協会員は、広告等の表示を行うときは、禁止行為に違反する事実がないかどうかを営業責任者に審査させなければならない。

以下は、一種の問題です。

10. 個人を相手方とする上場CFD取引に係る契約の締結の勧誘に対して、勧誘受諾意思の確認義務及び再勧誘の禁止が適用される。

解答

● ●

1. ○

2. × 有価証券関連デリバティブ取引等を行う場合の取引開始基準は、各協会員が独自に定める。

3. ○

4. ○

5. ○

6. × 協会の従業員は、自己が相手方となって売買を成立させることは、禁止されている。

7. × 協会員の従業員は、有価証券の売買その他取引等に関して顧客と金銭、有価証券の貸借（顧客の債務の立替えを含む）を行うことは禁止されている。

8. ○ なお、受講義務期間内に外務員資格更新研修を修了しなかった場合には、外務員資格更新研修を修了するまでの間、すべての外務員資格の効力が停止し外務員の職務を行うことができなくなる。また、受講義務期間の最終日の翌日から180日までの間に外務員資格更新研修を修了しなかった場合には、すべての外務員資格が取り消される。

9. × 協会員は、広告等の表示を行うときは、広告審査担当者に審査させなければならない。

10. ○

第5章

投資信託及び投資法人に関する業務

証券投資信託の分類、仕組み、運用手法、販売についての理解が必須です。ETF、J-REITは、指値注文又は成行注文により市場価格で売買され、信用取引もできることを理解しましょう。目論見書・運用報告書の記載内容など投資信託のディスクロージャーについても重要です。投資信託の税制についても理解しましょう。

一種 （55点）	
○×	四肢選択
3問	4問

二種 （50点）	
○×	四肢選択
2問	4問

予想配点

1 投資信託の概念

1．投資信託制度の本質

投資信託制度の本質は、多数の投資者から資金を集め、第三者である専門家が運用・管理する仕組みにある。このような仕組みを「**集団投資スキーム**」という。

2．投資信託の特徴

①少額の資産で**分散投資**が可能なこと

投資信託は、複数の投資家から資金を募ってファンド（基金）を組成するため、少額の資金で分散投資の効果を享受することが可能である。

②専門家による運用

投資信託は、**専門家による運用**により、一投資家には求め難い利益を求めるスキームを提供できる。

③適切な投資者保護

投資信託の資産運用会社には、**忠実義務・善管注意義務**が課せられており、適切な投資者保護がなされている。

④市場を通じた資金供給への寄与

投資信託は、いわゆる市場型間接金融における中核商品であり、市場参加者の厚みを増し、リスク配分の効率化とリスク負担能力の向上を図るという国民経済的な課題に対して重要な役割を果たしている。

3．投資信託の主なコスト

費用名	発生時期	内容
販売手数料 （募集手数料）	購入時	手数料は販売会社ごとに決めるので、同じ銘柄でも販売会社によって違う場合もある
運用管理費用 （信託報酬）	保有時	**運用管理を行う報酬**として、所定の率を日割計算し、日々、**投資信託財産から控除**し、投資信託委託会社と受託会社が受け取る 投資信託委託会社は、自らの報酬の一部を代理事務手数料として販売会社に支払う
信託財産 留保額	換金時／ 購入時	受益者の間でコスト負担の公平性を保つために投資者から徴収する費用

4．投資信託と銀行預金の比較

　投資信託も銀行預金も、資金を集めて企業など資金が必要な主体に供給する機能である金融仲介機能については同様であるが、主な違いは以下のとおりである。

	投資信託	銀行（預金）
資金を集める方法	投資家が受益権を購入	預金者が預け入れ
資金供給の方法	株式や債券等の購入	貸出し等
資金が置かれる勘定	信託銀行で分別管理	銀行の負債
破綻時の保全	販売会社・資産運用会社・信託銀行が破綻しても財産が保全される仕組み	銀行が破綻した場合、保全されない場合がある
利益・損失の帰属	投資した利益や損益はすべて投資家に帰属	貸出しや運用のリスクは銀行が負担。預金者は決められた元本とあらかじめ定められた利子を受け取る

〔その他の投資信託の特徴〕
・投資対象とする資産が値動きするため、**元本は**保証されていない。
・投資家が、**投資信託を購入したり、換金したりする場合には、原則として、**基準価額**により行う。**
・分配金は、分別保管された信託財産の一部から投資家に支払われる。
・**投資家に支払われた分配金の額だけ、信託財産は**減少**するため、分配額の分、基準価額は下落する（分配落）。**
・**分配金は、期中に発生した運用収益を**超えて**支払われる場合がある。**
　その場合、当決算日の基準価額は、前決算日の基準価額に比べ下落することとなる。

<受益証券>
　投資信託に係る信託契約に基づく受益権を表示する証券で、委託者指図型投資信託では委託者が発行する。
　なお、ペーパーレス化により、受益権の発生や消滅、移転を振替口座簿の記録により行っている。

5・投信業務

◆投資信託の全体像

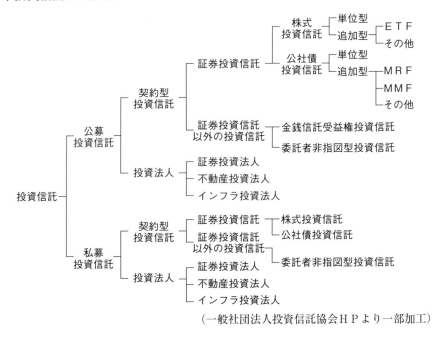

（一般社団法人投資信託協会ＨＰより一部加工）

1．公募投資信託と私募投資信託

公募投資信託	不特定かつ多数（50名以上）の投資家が対象	
私募投資信託	以下の①②のような限られた投資家が対象	
	①少数の投資家を対象とする一般投資家私募	
	②適格機関投資家又は特定投資家のみを対象とする適格機関投資家私募	

　　私募投資信託は、オーダーメイド的な性格が強いことから、運用やディスクロージャーに関する規制は、公募投資信託よりも緩やかなものとなっている。

注意
「私募投資信託に関する規制は、公募投資信託よりも厳しいものとなっている」と出題されると誤り。私募投資信託の規制は、緩やかである。

２．契約型（投資信託）と会社型（投資法人）

投資家が拠出する基金（ファンド）に関する、法的スキームの違いによる分類である。

契約型 （投資信託）	委託者（投資信託委託会社）と受託者（信託銀行）が**締結した投資信託契約に基づき基金（ファンド）が設立**され、その信託の受益権を受益者（投資家）が取得する **ファンド自体に法人格はない**
会社型 （投資法人）	資産運用を目的とする法人が設立され、その発行する証券を投資家が取得する **ファンドに法人格がある**

注意

「契約型投資信託及び会社型投資信託には、法人格がある」と出題されると誤り。契約型投資信託には法人格がない。

会社型（投資法人）は、株式会社に準じた機構が制度化されており、投資主には投資主総会における議決権がある。

会社＝ 投資法人   株主＝ 投資主   株主総会＝ 投資主総会   定款＝ 規約
株券＝ 投資証券   株式＝ 投資口   社債＝ 投資法人債

<**投資信託の分配金**>
　預金と投資信託の利益を図るには、利子（率）と分配金（分配率）で比較することはできない。
　預金の元本は一定であるので、預金者の得られる利益はその利子率のみで計算できるが、投資信託の基準価額は、常に変動しているため、投資家が得られる利益を計るには、分配金の額と基準価額の変動の両者を併せて考える必要がある。

5．投信業務

3．委託者指図型投資信託と委託者非指図型投資信託

　契約型投資信託は、法律上、投資信託を運営する当事者の役割により、委託者指図型投資信託と委託者非指図型投資信託に分類される。

（1）　委託者指図型投資信託

　委託者と受託者の間で締結された投資信託契約に基づき、委託者が運用の指図を行い、その受益権を分割して複数の者が取得する。

◆契約型投資信託（委託者指図型）の仕組み

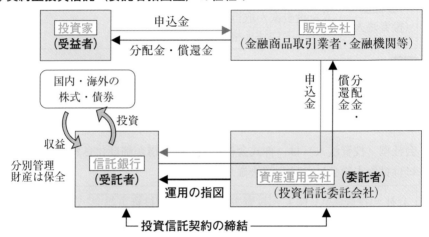

（2）　委託者非指図型投資信託

　一個の信託約款に基づき、受託者が複数の委託者との間で投資信託契約を締結し、委託者の指図に基づかずに受託者自らが運用を行う。

　なお、2024年3月末現在、公募の委託者非指図型投資信託の残高はない。

◆委託者指図型投資信託と委託者非指図型投資信託

	委託者指図型投資信託	委託者非指図型投資信託
受益者	投資家	
委託者	資産運用会社 （投資信託委託会社）	投資家 （委託者兼受益者）
受託者	信託会社等（信託会社又は信託業務を営む認可金融機関）	
運　用	資産運用会社 （投資信託委託会社）	信託会社等 （運用者兼受託者）
販売会社	金融商品取引業者・金融機関等	

４．証券投資信託（証券投資法人）、不動産投資信託（不動産投資法人）、証券投資信託以外の投資信託、インフラ投資信託（インフラ投資法人）

　投資信託及び投資法人の主たる投資対象（「特定資産」という）は、その資産の性格により、以下の12種類の資産に区分することができる。

　特定資産は、有価証券や不動産等で投資を容易にすることが必要であるものとして、投資信託及び投資法人に関する法律施行令に定められている。

◆投資信託の特定資産　重要

①有価証券　　②デリバティブ取引に係る権利　　③不動産 ④不動産の賃借権　　⑤地上権　　　　　　　　　　　⑥約束手形 ⑦金銭債権　　⑧匿名組合出資持分　　　　　　　　⑨商品 ⑩商品投資等取引に係る権利　　⑪再生可能エネルギー発電設備 ⑫公共施設等運営権

　投資信託及び投資法人は、何に投資するかにより、以下のように区分することができる。

証券投資信託 （証券投資法人）	投資信託財産総額の**２分の１を超える額**を「**有価証券及び有価証券関連デリバティブ取引に係る権利**」**に投資**する委託者指図型投資信託（及び投資法人）
不動産投資信託 （不動産投資法人）	主たる投資対象が「**不動産、**不動産関連の権利及び不動産関連商品」である投資信託及び投資法人（J-REITともいう）
証券投資信託以外の 投資信託	主たる投資対象が「有価証券以外の金銭債権、約束手形及び匿名組合出資持分並びに有価証券関連デリバティブ取引以外のデリバティブ取引に係る権利」「商品、商品投資等取引に係る権利」である投資信託
インフラ投資信託 （投資法人）	主たる投資対象が「インフラ設備（再生可能エネルギー発電設備及び公共施設等運営権）」である投資法人（及び投資信託）

【※】信託の受益権が複数の者に分割されず特定人にのみ与えられるものは、たとえ有価証券への投資運用を目的とするものであっても証券投資信託には該当しない。

5・投信業務

5. 株式投資信託と公社債投資信託

証券投資信託は、株式投資信託と公社債投資信託に大別される。

重要

株式投資信託	法律上、公社債投資信託以外の証券投資信託が株式投資信託と定義されている。株式と債券の両方を組み入れるファンドや公社債を中心に運用する投資信託で、全く株式を組み入れずに運用するとしても、投資信託約款の投資対象に株式を加えれば株式投資信託である
公社債投資信託	公社債投資信託は、国債、地方債、社債、コマーシャル・ペーパー（CP）、外国法人が発行する譲渡性預金証書、国債先物取引などに投資対象が限定されている証券投資信託と定義されている。 また、株式を一切組み入れることができないもの（約款の投資対象に株式がないもの）とされている

注意

「株式投資信託は、債券を一切組み入れない証券投資信託である」と出題されると誤り。株式投資信託は、債券を組み入れることができる。

注意

「公社債投資信託は、株式の組み入れ比率が3%以下の証券投資信託である」と出題されると誤り。公社債投資信託は、株式を一切組み入れることはできない。

＜公社債投資信託の代表例と特徴＞

　　公社債投資信託の代表例には、MRF（証券総合口座用ファンド）、MMFなどの日々決算型ファンドと、いわゆる長期公社債投信などがある。なお、2024年3月末現在、MMFの設定はない。

　　また、以下のような特徴がある。

・決算の度ごと（日々決算型ファンドであれば毎日）にファンドの純資産が元本額を超過する額（収益）をすべて分配すること

・**決算日の基準価額でしか購入（追加設定）できないこと**

・日々決算型ファンドにおいては、基準価額が単位当たり元本価格（例えば10,000円）以外のときには追加設定できないこと

6．単位型と追加型

単位型 投資信託	○当初集まった資金でファンドが設定された後は、資金の追加は行わない ○継続して定期的に同じ仕組みで設定していく**ファミリーファンド・ユニット**（定期定型投資信託）と投資家のニーズ等に応じてタイムリーに設定する**スポット投資信託**がある
追加型 投資信託	○**オープン型投資信託**と称する場合がある ○最初に募集された資金（ファンド）に次々と追加設定を行い、一個の大きなファンドとして運用する ○原則、時価に基づく設定、解約及び売買は自由に行われる

7．ETF（上場投資信託）重要

ETFは、**証券投資信託**に分類され、証券取引所に上場しており、投資成果が東証株価指数、日経平均株価などの株価指数や商品価格などの指標に連動するように設定され、以下のような特徴がある。

売買価格		基準価額に基づく価格で購入・換金せず、取引所において上場株式と同様に市場価格で売買される
購入・ 換金等	一　般 投資家	換金する場合は、取引所において市場価格で売却する
	大　口 投資家	現物拠出型の株価指数に連動するETFの場合、対象株価指数に連動するように選定された現物株式を拠出して受益権を取得（**設定**）できる
取引単位		10口単位・1口単位など、**ファンドごとに設定**されている
売買注文		指値注文や成行注文が可能で、信用取引も行うことができる
税制上の 取扱い		譲渡損益、分配金に対する税制上の取扱いは、基本的に上場株式と同じで、**普通分配金と元本払戻金**（特別分配金）**の区別はない**

注意

「ETFの売買は、基準価額に基づき行われる」と出題されると誤り。取引所における市場価格で売買される。その他、ETFの特徴をよく理解すること。

なお、連動対象となる指標が存在しないアクティブ運用型ETFも認められている。

5・投信業務

8．クローズドエンド型とオープンエンド型 [重要]

クローズドエンド型 （解約できない）	換金するためには、市場で売却するしかなく、その価格は市場の情勢に左右され、純資産価格（基準価額）とは必ずしも一致しない
	基金の資金量が安定しているので、運用者はこの点の心配なく運用に専念できる
オープンエンド型 （解約できる）	発行者が発行証券を買い戻すことができる（投資家が解約できる）ファンド
	換金は純資産価格（基準価額）に基づいて行われる
	基金の減少が絶えず行われるので資金量が安定していない

投資対象資産の流動性が低い場合には、クローズドエンド型が向いている。

注意

オープンエンド型とクローズドエンド型の入れ替えに注意すること。わが国の契約型投資信託は、オープンエンド型である。一方、不動産を主な投資対象とする会社型投資信託（投資法人）は、クローズドエンド型である。

9．外国投資信託・外国投資法人

○外国において外国の法令に基づいて設定された投資信託に類するもの
○基準価額は通常、外貨で表示する
○日本で販売する場合には、日本で設定された投資信託と同様に金商法と投信法が適用される
○募集・売出しの取扱いに当たっては目論見書を用いること、決算に際しては運用報告書を作成・交付することが義務付けられている
○日本証券業協会の定める選別基準に合致したものである必要がある

注意

「外国投資信託とは、外国の資産に投資する信託である」と出題されると誤り。外国において外国の法律に基づいて設定された信託で投資信託に類するもので、日本で設定された投資信託と同じルールで販売される。

10. その他

マザーファンド	○受益権を投資信託委託会社が運用の指図を行うほかの投資信託（ベビーファンド）に取得させることを目的とする投資信託 ○ベビーファンドにおいては、マザーファンドの組入れの調整のみが行われる
ファンド・オブ・ファンズ	○投資信託（投資法人）及び外国投資信託（外国投資法人）への投資を目的とする投資信託（又は投資法人）をいい、既存の複数の投資信託（ファンド）に投資を行うもの ○**株式や債券には直接投資**できない
確定拠出年金向けファンド	○確定拠出年金の運用商品として提供されることを目的としたファンド ○個人型（iDeCo：イデコ）と企業型があり、企業型では従業員は企業が用意した運用商品の中から、個人型では加入者が加入手続きした運営管理機関が扱う運用商品の中から商品を選択できる
毎月分配型投資信託	○毎月決算を行い、毎月分配金を支払おうとするファンド ○**分配金が支払われないこともあること**、ファンドが得た**収益を**超えて**分配金が支払われることもあ**ること、分配金の一部又はすべてが元本の一部払戻しに相当する場合があること等に留意
通貨選択型投資信託	○株式や債券などの投資対象資産に加えて、為替取引の対象となる円以外の通貨も選択できるように設計された投資信託 ○投資対象資産の価格変動リスクに加え、換算する通貨の為替変動リスクを被ること、為替取引における収益も必ずしも短期金利差に一致するわけではないことに注意

5・投信業務

レバレッジ投資信託 （レバレッジ投信）	○基準価額の変動率を特定の指標又は価格の変動率にあらかじめ定めた倍率（2倍以上又はマイナス2倍以下に限る）を乗じて得た数値に一致させるよう運用される投資信託であって、上場投資信託以外のものをいう ○基準となる指数が**上昇すると**一定の倍率で連動して**上昇する**ように設計されたものを**ブル型**ファンド、逆に一定の倍率で**下落する**ように設計されたものを**ベア型**ファンドという
店頭デリバティブ取引に類する複雑な投資信託 （複雑投信）	○店頭デリバティブ取引に類する複雑な仕組債（複雑仕組債）で運用することにより、当該複雑仕組債と同様の商品性又は同様の効果を有することとなる投資信託をいう
ノックイン投信	○複雑投信の一種であり、典型例としては、株価指数（日経平均株価）を対象としたノックイン投信があげられる

注意

「毎月分配型投資信託は、運用で得た収益の範囲内でのみ分配が行われる」と出題されると誤り。収益を超えて分配金が支払われることもある。

注意

「ファンド・オブ・ファンズは、信託財産の一部については株式や債券に投資することができる」と出題されると誤り。株式や債券に直接投資することはできない。

3 証券投資信託の仕組み

　委託者指図型投資信託は、投資信託約款に運営の基礎が定められており、運営の機構は、**委託者、受託者及び受益者の三者**で構成されている。また、販売会社は直接の当事者ではないが、投資信託の運営上、重要な役割を担っている。

1．投資信託契約
（1）　投資信託契約の締結
　投資信託委託会社（＝委託者＝資産運用会社）は、受託者（信託会社等）と投資信託契約を締結しようとするときは、あらかじめ、当該投資信託契約に係る投資信託**約款**の内容を内閣総理大臣（金融庁長官）に**届け出る**ものとされている。

　委託者指図型投資信託の仕組みは、基本的には投信法で規定されているが、具体的な仕組みは、この投資信託約款で定められることとなる。

◆投資信託約款の主な記載事項

> ①委託者及び受託者の商号又は名称並びにその業務
> ②信託の元本の償還及び収益の分配に関する事項
> ③投資信託約款の変更に関する事項
> ④受託者及び委託者の受ける信託報酬その他の手数料の計算方法
> ⑤**委託者**における公告の方法　　　　　　　　　　　　　　　など

注意
「投資信託約款には、委託者における公告の方法が含まれる」と出題されると正しい。

> 　投資信託委託会社は、投資信託を取得しようとする者に対して、**投資信託約款の内容を記載した書面を交付**しなければならない。

　ただし、以下の場合は、約款の交付を省くことができる。
①目論見書にその内容が記載されている場合
②適格機関投資家私募の場合
③現に所有する投資信託と同一の投資信託のファンドを取得する場合
　なお、公募投資信託の場合には、通常、目論見書に投資信託約款の内容を記載し、書面の交付を省略している。

5・投信業務

（2） 投資信託契約の変更及び解約

変　更	あらかじめ、その旨及び内容を金融庁長官に届け出なければならない
重大な内容変更	①受益者の**書面による決議**が必要となる ②書面による決議とは、議決権を行使できる受益者の議決権の３分の２以上の多数によって行わなければならない ③変更に反対した受益者は、原則、公正な価格で自己の有するファンドの買取りを請求することができる
解　約 （ファンドの償還）	あらかじめ、その旨を内閣総理大臣に届け出なければならない

２．関係者
（1） 投資信託委託会社

重要

　内閣総理大臣（金融庁長官）から**投資運用業の**登録を受けた者でなければ、投資信託委託会社になることはできない。

注意

「投資運用業を行おうとする者は、内閣総理大臣の認可を受けなければならない」と出題されると誤り。登録である。

◆投資信託委託会社の主な業務 重要

①投資信託契約の締結、投資信託約款の届出・変更
②投資信託財産の設定
③**投資信託財産の**運用の指図
④ファンドの基準価額の計算、公表
⑤目論見書、運用報告書などの**ディスクロージャー作成**
⑥投資信託契約の解約（ファンドの償還）
⑦**受益証券の発行**（ペーパーレス化により振替口座簿で管理）

「**直販業務**」とは、投資信託委託会社が、自ら発行するファンドの受益権の募集を行うことをいい、投資信託委託会社自身が販売会社の役割を担う場合である。直販業務を行う場合は、**第二種金融商品取引業者**として金融庁長官の**登録**を受ける必要がある。

（2）　受託会社

受託者は、信託会社等（信託会社又は信託業務を営む認可金融機関）でなくてはならない。

◆受託会社の主な業務

①投資信託財産の管理
②ファンドの基準価額の計算（投資信託委託会社との照合）
③投資信託約款の内容及び内容の変更に関する承諾・同意

受託会社は投資信託財産の名義人**となって、投資信託財産を分別保管し、自己の名で管理**する。

（3）　受益者

受益者は、信託の利益を受ける権利、すなわち受益権**を有する者**（投資者）である。

◆受益権の主な内容

①分配金、償還金の受領
②解約・買取りによるファンドの換金請求

受益者は、受益権の口数**に応じて、均等の権利**を持っている。

注意
「受益者は、投資金額に応じて、均等の権利を持っている」と出題されると誤り。

5・投信業務

119

（4）　販売会社

投資信託の募集・販売は、証券会社などの金融商品取引業者、登録金融機関などの「販売会社」を通じて行われている。

このため、販売会社は、**投資信託契約の直接の当事者ではないが、実際の投資信託の運営上、重要な役割を担っている。**

投資信託委託会社は、投資信託約款に基づき、契約によって特定の販売会社（指定販売会社）を指定し、指定販売会社は投資信託委託会社の代理人として、主に以下のような業務を行う。

①投資信託の募集の取扱い及び売買
②**分配金、償還金の支払の**取扱い
③受益者から買い取ったファンドの投資信託委託会社への解約請求及び受益者からの解約請求の**取次ぎ**
④**目論見書、運用報告書の**顧客への交付のほか、募集・販売に関する必要事項について、投資信託委託会社との相互連絡

注意
「目論見書、運用報告書の発行及び顧客への交付は、販売会社の業務である」と出題されると誤り。目論見書、運用報告書の発行は、委託者の業務であり、顧客への交付は販売会社の業務である。

4 証券投資信託の運用

1．証券投資信託の運用手法

◆運用手法の分類

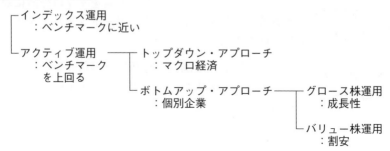

（1） インデックス運用（パッシブ運用）とアクティブ運用

重要

インデックス運用 （パッシブ運用）	東証株価指数や日経平均株価などのインデックスをベンチマーク【※】とし、ベンチマークにできるだけ近い運用成果を目指す運用手法 【※】ベンチマークとは、ファンドの運用の目安や運用成果を測るための基準となるもので、株価指数や債券指数などが用いられている
アクティブ運用	経済、金利、企業の調査・分析結果等を踏まえ、ベンチマークとは異なるリスクを取りにいき、ベンチマークを上回る運用成果を目指す運用手法

注意

「アクティブ運用は、日経平均などのベンチマークにできるだけ近い運用成果を目指す運用手法である」と出題されると誤り。ベンチマークを上回る運用成果を目指す運用手法である。アクティブ運用、インデックス運用の入れ替えに注意すること。

5・投信業務

（2） トップダウン・アプローチとボトムアップ・アプローチ

アクティブ運用には、大別して**トップダウン・アプローチ**と**ボトムアップ・アプローチ**がある。

重要

トップダウン・アプローチ	ベンチマークを上回る収益の源泉をマクロ経済に対する調査・分析結果に求め、ポートフォリオを組成していく手法
ボトムアップ・アプローチ	個別企業に対する調査・分析結果の積み重ねでポートフォリオを組成し、ベンチマークを上回る収益を目指していく手法

（3） グロース株運用とバリュー株運用

株式のアクティブ運用は、ベンチマークを上回る収益の源泉をどこに見出すかによって、「運用スタイル」による分類ができる。

重要

グロース株運用	企業の成長性を重視してポートフォリオを組成する運用手法
バリュー株運用	株式の価値と株価水準を比較し、割安と判断される銘柄を中心にポートフォリオを組成する運用手法

注意

アクティブ運用における、トップダウン・アプローチとボトムアップ・アプローチの運用手法の違い、グロース株運用とバリュー株運用の運用スタイルの違いをよく理解すること。

２．投資信託委託会社の義務

（１）　忠実義務、善管注意義務

　忠実義務とは、投資信託委託会社は投資信託の運用に当たって、専ら権利者＝受益者の利益のみを考えなければならないということであって、一般論として、以下のような行為が禁止されている。

> ①受益者の利益と自己の利益が衝突するような事態に自らの身を置くような行為
> ②受益者の利益に反する行為
> ③自己又は第三者の利益を図る行為

　善管注意義務は、投資信託委託会社は専門家としての注意をもって行動しなければならないというものである。

（２）　禁止行為

　忠実義務に関して、金商法は以下のような禁止行為を定めている。

> ①自己取引
> ②運用財産相互間の取引
> ③いわゆるスカルピング行為【※】
> ④自己又は第三者の利益を図るために受益者の利益を害する取引
> ⑤第三者等の利益を図るための市場の状況等に照らして不必要な取引
>
> 　　　　　　　　　　　　　　　　　　　　　　　　　　　　　　など

【※】スカルピング行為とは、投資信託財産を用いて、有価証券等の運用の指図をした取引に基づく価格指標等の変動を利用して、当該投資信託の受益者以外の第三者（当該投資信託会社も含む）の利益を図る行為をいう。

３．証券投資信託の投資制限

　1社の投資信託委託会社が運用している投資信託財産合計で、同一の法人の発行する株式を50％超保有することとなる場合は、投資信託財産で取得することを受託会社に指図してはならない。

４．議決権等の指図行使

　投資信託委託会社は、投資信託財産に組み入れられている有価証券に係る議決権を始めとする一定の株主権等について、受益者に代わって受託会社に対してその行使を指図する。

5・投信業務

5 証券投資信託の販売

1．販売に関する規制等

投資信託の販売に当たっては、投資家の自己責任原則の確立のために、投資家にその商品内容を十分に説明し、理解を得た上で投資してもらうことが極めて重要である。

（1） 投資信託説明書（目論見書）の作成

投資信託の販売に際して、受益証券の発行者である投資信託委託会社は、目論見書を作成しなければならない。

（2） 投資信託説明書（目論見書）及び契約締結前交付書面の交付

重要

> 投資信託説明書（目論見書）には、以下の2つがある。
> ○投資信託説明書（交付目論見書）
> 　投資信託を取得してもらう場合に、あらかじめ又は同時に交付しなければならない目論見書
> ○投資信託説明書（請求目論見書）
> 　投資信託を取得してもらうまでに交付の請求があったときに、直ちに交付しなければならない目論見書

①あらかじめ投資家の同意を得た上で、目論見書の交付に代えて、当該目論見書に記載された事項を電子情報処理組織を使用する方法その他内閣府令で定める方法（インターネットのホームページ、電子メールなど）による提供ができるとされる。この場合、当該提供者は当該目論見書を交付したものとみなされる。
②目論見書に契約締結前交付書面に記載すべき事項が記載されており、契約締結前交付書面に記載すべき事項で、目論見書に記載のない事項について記載した補完書面を目論見書と一体のものとして交付するといった実務が行われている場合もある。

（3）　金融サービス提供法による説明義務

　金融サービスの提供及び利用環境の整備等に関する法律（以下「金融サービス提供法」という）は、金融商品の販売業者が金融商品のもっているリスクなどの重要事項について顧客に説明する義務を定めており、投資信託の販売についても同法が適用されている。

（4）　顧客が負担する費用、分配金の説明及び通貨選択型ファンドに関する顧客の理解を確認する措置

　投資信託は、専門知識や経験等が十分でない一般顧客を含めて幅広い顧客層に対して勧誘・販売が行われることから、顧客の知識、経験、投資意向に応じて適切な勧誘を行うことが重要であり、販売会社が特に留意すべき事項は以下のとおりである。

①投資信託の勧誘を行う際、販売手数料等の顧客（特定投資家を除く。以下②及び③において同じ）が負担する費用について、次に掲げる事項を分かりやすく説明すること。
　ア）勧誘を行う投資信託の**販売手数料の料率**及び購入代金に応じた**販売手数料の金額**（勧誘時点で確定できない場合は概算額）
　イ）勧誘する投資信託の購入後、顧客が負担することとなる費用（信託報酬（ファンド・オブ・ファンズ方式での運用を行う投資信託については投資対象とするファンドの運用管理費用を含めた実質的な負担率）、信託財産留保額等）
②投資信託の分配金に関して、分配金の一部又はすべてが元本の一部払戻しに相当する場合があることを、顧客に分かり易く説明すること。
③**通貨選択型**ファンドについては、投資対象資産の価格変動リスクに加えて複雑な為替変動リスクを伴うことから、通貨選択型ファンドへの投資経験がない顧客との契約締結時において、顧客から、商品特性・リスク特性を理解した旨の**確認書**を受け入れ、これを保存するなどの措置を取ること。

5・投信業務

（5） NISA制度の口座開設及び投資信託の勧誘並びに販売時等における留意点

　NISA制度の利用者への勧誘に当たっては、投資信託において支払われる分配金のうち元本払戻金（特別分配金）は非課税であり、NISA制度によるメリットを享受できないことについて、NISA制度の利用者に必要に応じて、適時適切に説明を行う必要がある。また、NISA制度には、年間投資枠の上限があるので、短期間に金融商品の買換え（乗換え）を行う投資手法ではNISAを十分利用できない場合がある。

（6） 投資信託に係るトータルリターンを通知する制度の導入

　協会員である投資信託の販売会社は、顧客に対し投資信託に係るトータルリターン（損益）を年１回以上通知しなければならない。

　通知するのは、投資家が取得したときの基準価額（一部換金していれば換金したときの基準価額）、利益・損失の計算基準日における基準価額、受け取った分配金の累計額などである。

（7） 乗換え勧誘時の説明義務

　金融商品取引業者等は、ファンド（MRF、MMF等を除く）の換金に併せて、他のファンドへの取得の申込みを勧誘（乗換え勧誘）する場合には、乗換えに関する重要な事項の説明を行わなければならない。

重要　解約と取得をセットで勧誘する行為が乗換えである。

◆乗換えの合理性を顧客が判断するための必要事項の例

> ・販売にかかる一般的な説明事項
> ・解約する投資信託等の概算損益
> ・解約する投資信託等と取得する投資信託等の商品性や費用等の比較
> 　　　　　　　　　　　　　　　　　　　　　　　　　　　　　など

　個別事案毎に顧客の知識、経験、財産の状況、投資目的や投資信託等の性質に応じて異なり得ることに留意する必要がある。

（8）　レバレッジ投信、複雑投信に対する勧誘・販売規制

①レバレッジ投信の勧誘・販売規制

個人顧客への販売の勧誘を行うに当たっては、勧誘開始基準を定め、当該基準に適合した者でなければ勧誘を行ってはならない。

②複雑投信の勧誘・販売規制

レバレッジ投信と同様に勧誘開始基準の制定のほか、「注意喚起文書の交付」、「顧客の知識、経験、財産の状況及び契約を締結する目的に照らした当該顧客に理解されるために必要な方法及び程度による注意喚起文書の説明」、及び「顧客からの確認書の徴求」が必要となる。

（9）　預金等との誤認防止措置

元本が保証されている預金等を取り扱っている金融機関が投資信託を販売する場合には、顧客に対し、書面交付等の適切な方法により、投資信託と預金等との誤認を防止するための説明を行わなければならない。

また、次の①〜④までに掲げる事項を、当該投資信託を扱う窓口を利用する顧客がその場で目視できる場所に掲示する。

ただし、預金等との誤認防止に係る説明を、当該有価証券を取り扱う前に行い、かつ、約定までに書面の交付又は提示（タブレット端末等の画面表示を含む）を行う場合には、これ以外の場所に掲示しても差し支えない。

①投資信託は預金等又は保険契約ではないこと
②投資信託は預金保険機構及び保険契約者保護機構の保護の対象ではないこと
③（金融商品取引業者以外で購入した）投資信託は投資者保護基金の対象ではないこと
④投資信託は元本の返済が保証されていないこと

5・投信業務

（10）　広告宣伝の規制

　販売会社又は投資信託委託会社が、投資信託について広告又はこれに類似する行為をする場合には、次に掲げる事項を明瞭かつ正確に表示しなければならない。

①販売会社又は／及び投資信託委託会社の商号、名称
②販売会社又は／及び投資信託委託会社の登録番号
③手数料、報酬その他の対価に関する事項
④元本割れが生じるおそれがある旨、その理由、その原因となる指標
　（最も大きな文字又は数字と著しく異ならない大きさで表示）
⑤重要な事項について顧客の不利益となる事実
⑥販売会社又は／及び投資信託委託会社が金融商品取引業協会に加入している旨及び当該協会の名称

（11）　「顧客本位の業務運営に関する原則」に基づく「重要情報シート」の活用

　顧客にとって分かりやすく、各業法の枠を超えて多様な商品を比較することが容易となるように配慮した「重要情報シート」を積極的に用いることが望ましい。

　重要情報シートには、金融事業者編と個別商品編がある。

＜金融事業者編＞

1．当社の基本情報
2．取扱商品
3．商品ライナップの考え方
4．苦情・相談窓口

＜個別商品編＞

1．商品等の内容
2．リスクと運用実績
3．費用
4．換金・解約の条件
5．当社の利益とお客様の利益が反する可能性
6．租税の概要
7．その他参考情報

２．単位型投資信託

（１） 募 集

単位型投資信託は、２週間から１ヵ月程度の期間を区切って資金を募る。

販売会社は、募集期間内に投資家から申込金を受け入れ、集まった資金は、まとめて信託設定日に投資信託財産として受託会社に信託される。

（２） 募集（申込）価格、募集（申込）単位

１口当たり元本価格（額面）は、ファンドごとに決められているが、単位型投資信託の場合には、一般的には、１口当たり１万円である。

この１口当たり元本価格で、投資家から取得の申込みを募る。募集（申込）単位は、原則として販売会社が定め、例えば、「10口以上１口単位」というように決まっている。

（３） 募集（販売）手数料

募集（販売）手数料は、**販売会社が定める**（**同じファンドでも販売会社により異なることがある**）。主たる投資対象が株式のファンドの場合、元本１万円当たり100〜300円程度の募集手数料を徴収するのが一般的である。

募集手数料の徴収の仕方には、**内枠方式**と外枠方式がある。

> **注意**
> 「単位型投資信託の販売手数料は、販売会社により異なることはない」と出題されると誤り。販売手数料は、販売会社ごとに定めるので異なることがある。

５・投信業務

3. 追加型株式投資信託

（1） 当初募集と追加募集

追加型株式投資信託の募集には、当初募集と追加募集（継続募集）がある。

当初募集	ファンドを新規に設定するための募集行為であり、2週間から1ヵ月程度の期間を区切って資金を募る
追加募集 （継続募集）	ファンドが設定された後、ファンドに資金を追加する形式で行われる募集行為である

（2） 募集（申込）価格、募集（申込）単位

1口当たり元本価格（額面）はファンドごとに決められているが、追加型株式投資信託の場合には、1口当たり1円のものが主流を占めている。

また、当初募集は、例えば1万口当たり1万円で資金を募るが、追加募集は基準価額に基づいた募集（申込）価格で募集することになるため、募集（申込）単位については、以下の場合がある。

①投資家が申込口数を指定する場合
②投資家が申込金額を指定する場合
③投資家が申込代金[※] を指定する場合
【※】申込金額に販売手数料及びこれに対する消費税等を加えた額。
なお、募集単位は、原則として販売会社が定める。

（3） 追加募集時の募集（申込）価格

追加型株式投資信託の追加募集時の募集（申込）価格は、通常の場合には基準価額であるが、追加設定時に信託財産留保金[※] を徴収するファンドについては、これに信託財産留保額を加えた**販売基準価額**となる。

【※】信託期間の途中に投資信託を換金した場合に徴収する金額のこと。信託期間中に投資信託を買付け又は中途換金する者と、その投資信託を継続的に保有する受益者との公平性を確保するために設けられている。信託財産留保額は、信託財産に組み入れられる。

募集価格に適用される基準価額は、通常の場合、国内の資産を主な投資対象とするファンドについては申込日の基準価額、外国の資産を組み入れたファンドについては申込日の翌営業日の基準価額である。

募集価格に適用される基準価額の計算日のことを**基準価額適用日**ということがある。

（4）　募集（販売）手数料

募集（販売）手数料は**販売会社が定める**（そのため、**同じファンドでも販売会社により異なることがある**）。主たる投資対象が株式のファンドの場合、募集価格の２～３％程度の募集手数料を徴収するのが一般的である。

近年、募集手数料が不要のファンド（ノーロードファンド）が増加傾向である。つみたてNISA向けファンドは、ノーロードが要件の１つになっている。

（5）　申込締切時刻

追加型株式投資信託の追加募集の受付は、遅くとも**午後３時**と定められている。これは**ブラインド方式**[※]を維持するためのものである。

【※】　ブラインド方式とは、申込時点において、基準価額は明らかになっていないという方式のことをいう。追加型株式投信の申込は、取引所の売買立会による取引終了時までに締め切らせる一方、基準価額は当該取引所の引値で計算される。
　　　　ブラインド方式の採用は、フリーランチ（ただ飯食い）を防止し、金融商品市場の取引の公平性を保つためである。

４．追加型公社債投資信託

（1）　募集期間

追加型公社債投資信託については、決算日の基準価額でのみ追加設定を受け付けるので、追加型株式投資信託の場合とは異なり、当初募集時同様、決算日を終了日とする一定の募集期間を設け、期間を区切って資金を募る。

ただし、日々決算型ファンド（MRF、MMF）の場合は、毎日決算を行うので、毎営業日継続的に募集を行う。

（2）　募集（申込）価格、募集（申込）単位

公社債投資信託の１口当たり元本価格（額面）は、ファンドごとに決められており、通常の場合、１口当たり１円である。

（3）　募集（販売）手数料

従前から、募集（販売）手数料を徴収しているファンドはない。ただし、いわゆる長期公社債投信は、換金時に換金手数料を徴収しているものもある。

6 証券投資信託の基準価額の計算、決算、分配

1．基準価額

基準価額	$$\dfrac{\text{資産総額}^{[※]}-\text{負債総額}}{\text{受益権口数}}$$ 【※】資産総額は、投資信託に組み入れられている株式や債券等を、原則として、時価で評価して求める

基準価額は原則、日々計算される。

2．決　算

計算期間	1年、6ヵ月、3ヵ月、2ヵ月（隔月決算）、1ヵ月（毎月決算）、1日（日々決算型）など
運用報告書の作成	原則、計算期間ごと （計算期間が6ヵ月未満のファンドは6ヵ月ごと）
有価証券報告書の提出	**決算及び中間決算終了後3ヵ月**以内に、**監査証明**を受けた財務諸表を記載した有価証券報告書（半期報告書）を財務局長に提出

3．分　配

	分配の上限額のルール
単位型 投資信託	①決算期末の純資産総額（経費控除後）が元本額以上の場合、超過額と期間中の配当等収益額とのいずれか多い額の範囲内で分配できる ②決算期末の純資産総額（経費控除後）が元本に満たない場合、配当等収益額の範囲内で分配できる
追加型 株式投資信託	経費控除後の配当等収益の全額と、期中の実現売買損益と期末時価で評価替えした評価損益との合計額から経費を控除し、前期から繰り越された欠損金がある場合、欠損金を補塡した後の額を分配できる
追加型公社債 投資信託	期末における元本超過額の全額を分配する

7 換金、償還

1．換　金
（1）　解約と買取り

　投資信託を保有している投資家（受益者）が、信託期間の途中で換金する方法には、解約、買取りの2種類がある。

解　約	直接投資信託財産を取り崩すことにより換金する方法
買取り	販売会社にファンドを買い取ってもらう（受益者が販売会社に受益証券を譲渡する）方法 投資家の買取請求により行われる

（2）　解約受付日・クローズド期間

> 重要
>
> 　わが国の投資信託は、原則として、毎営業日解約を受け付ける。しかし、あらかじめ投資信託約款で解約請求することができない期間を定めている場合があり、この期間をクローズド期間と呼んでいる。
>
> 　これは、投資された資金を安定させる目的で設けられている。

> 注意
>
> 「投資信託においてあらかじめ解約請求することができない期間を定める場合があり、この期間を無分配期間という」と出題されると誤り。クローズド期間である。

（3）　換金の制限

　金融商品取引所における取引の停止、外国為替取引の停止その他やむを得ない事情があるときは、投資信託委託会社は、換金の受付を中止することができる。

（4）　換金請求の受付時限

　株式投資信託については、販売会社の換金請求の受付時限は遅くとも**午後3時**と定められている。これは、ブラインド方式を維持するためのものである。

5・投信業務

（5） 換金価格

解約請求による換金の場合、原則として、投資信託の換金価格は基準価額である。ただし、**換金時に信託財産留保額を徴収するファンドについては、**信託財産留保額（実績報酬を徴収するファンドは実績報酬）**を控除した額と**なる。これらを控除した価格を**解約価格**という。

換金価格に適用される基準価額は、以下のとおりである。

国内の資産を主な投資対象とするファンド	申込日の基準価額
外国の資産を組み入れたファンド	申込日の翌営業日の基準価額
ファンド・オブ・ファンズ	申込日の翌々営業日以降の基準価額
日々決算型ファンド【※】	換金申込受付日の翌営業日の前日の基準価額（午前中に換金を受け付けたMRFは前日の基準価額）

【※】MRFなど、毎日決算が行われている投資信託のこと。分配金は、毎月末に1ヵ月分をまとめ、分配金に対する税金を差引いたうえ、自動的に再投資する。

（6） 換金代金の支払

解約又は買取によりファンドを換金した代金の支払いは、通常の場合、以下のとおりである。

国内の資産を主な投資対象とするファンド	換金申込受付日から4営業日目から
外国の資産を組み入れたファンド	換金申込受付日から5営業日目から

2．償 還

投資信託は、投資信託約款に定められた信託期間の終了とともに償還となるが、投資信託委託会社の判断により、信託期間の更新（償還延長）も可能である。

また、多くのファンドはその投資信託約款において、残存元本額が一定の水準を下回れば、**信託期間中でも償還することができる**よう定めている。

なお、投資信託委託会社は、投資信託契約を解約し、償還しようとするときは、あらかじめ、その旨を内閣総理大臣（金融庁長官）に届け出る必要がある。

◆**追加型公社債投資信託の特徴**

種類	MRF	MMF[※1]	長期公社債投信 （追加型）
信託期間	無期限		
クローズド期間	なし		
募集単位	1口（1口1円）		1万口 （1口1円）
収益分配	日々決算を行い、元本超過額を分配、**分配金は月末に再投資**		年1回決算を行い元本超過額を分配。分配金の自動再投資も可
解約	常時可能	買付日から30日未満の解約は1万口につき10円の信託財産留保額を控除	常時可能
解約手数料	無手数料		1万口につき100円以内の手数料を控除[※2]
換金代金の支払	重要 **午前中に解約を受付け、かつ投資家が当日支払を希望した場合のみ当日から** 上記以外は翌営業日	翌営業日	4営業日目
キャッシング	**キャッシング制度有** （それぞれ最大**500万円**まで）		なし

【※1】2024年3月末現在設定はない。

【※2】解約手数料がないものもある。

　キャッシングとは、「即日引出」のこと。MRFについては、翌営業日支払となる午後からの換金請求分について、キャッシングが可能となっている。

注意

追加型公社債投資信託の特徴をよく理解すること。特に、代金の支払い可能日やキャッシングの上限金額等については確実に覚えること。

注意

「MRFは、毎日決算が行われ毎日自動再投資される」と出題されると誤り。毎月末に自動再投資される。

8 分配、換金及び償還に伴う課税

1. 追加型株式投資信託の個別元本、普通分配金、元本払戻金（特別分配金）

　追加型投資信託の分配金、換金代金及び償還金に対する課税について理解するためには、個別元本方式の仕組み及び普通分配金と元本払戻金（特別分配金）の区分が重要となる。

　個別元本とは、投資家ごとの平均取得基準価額のことで、その投資家がそのファンドを取得する都度、取得口数により加重平均され、分配が行われる都度、調整される。

重要

> 　分配金に対する課税は、各投資家の個別元本と分配落後の基準価額との関係で、分配金は、以下のとおり普通分配金と元本払戻金（特別分配金）に分けられる。
>
> ①**分配落後の基準価額がその投資家の個別元本と同額又は上回る場合**
> 　………分配金の全額を普通分配金とする。
>
> ②**分配落後の基準価額がその投資家の個別元本を下回る場合**
> 　………**下回る部分に相当する分配金額を**元本払戻金（特別分配金）、
> 　　　　残余の分配金額を普通分配金とする。
> 　　　　また、元本払戻金（特別分配金）の支払いを受けた投資家については、分配金発生日（決算日）において、個別元本から元本払戻金（特別分配金）を控除した額が、当該受益者のその後の個別元本とされる。
>
> 　普通分配金は配当所得として課税の対象となり、**元本払戻金（特別分配金）は各受益者の個別元本の払戻しとみて**非課税となる。

計算問題編

◎演習問題◎

　ある個人が、以下の追加型株式投資信託の分配金を受け取った。そのうち普通分配金はいくらか。

・分配落前の基準価額：10,700円
・個別元本：　　　　　10,300円
・1万口当たりの分配金：　700円

分配落後の基準価額＝10,700円−700円＝10,000円
　「個別元本＞分配落後の基準価額」なので「個別元本−分配落後の基準価額」が元本払戻金（特別分配金）となる。
元本払戻金（特別分配金）＝10,300円−10,000円＝300円
普通分配金＝700円−300円＝400円

※分配落後の個別元本（新個別元本）は10,000円となる。

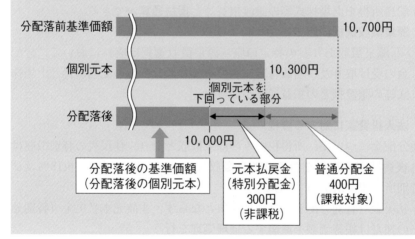

分配落前基準価額	10,700円
個別元本	10,300円
分配落後	10,000円

個別元本を
下回っている部分

分配落後の基準価額
（分配落後の個別元本）

元本払戻金
（特別分配金）
300円
（非課税）

普通分配金
400円
（課税対象）

２．株式投資信託の分配金に対する課税

株式投資信託の分配金は、配当所得の取扱いとなる。

（1）　個人投資家に対する課税

○普通分配金の源泉徴収等

普通分配金については、20.315％（所得税15％、復興特別所得税0.315％及び住民税５％）の税率で源泉徴収等される。

なお、追加型株式投資信託の元本払戻金（特別分配金）は、非課税である。

○確定申告不要制度の選択

源泉徴収により、金額にかかわらず確定申告不要制度を選択できる。

○総合課税の選択

確定申告を行い、総合課税を選択することもできる。この場合、配当控除の適用が可能な場合もある。

○**申告分離課税**の選択

確定申告を行い、申告分離課税を選択した場合には、普通分配金の配当所得を上場株式等の譲渡損益等と**損益通算**ができる。

○**源泉徴収選択口座**での受け取り

「源泉徴収あり」の特定口座（源泉徴収選択口座）において、分配金の受け取り及び当該特定口座の中で普通分配金の配当所得と上場株式等の譲渡損との損益通算ができる。

（2）　法人投資家に対する課税

普通分配金について、所得税のみの源泉徴収となり、住民税の特別徴収はない。復興特別所得税を含めた源泉徴収税率は15.315％（所得税15％及び復興特別所得税0.315％）である。

元本払戻金（特別分配金）は課税対象とならず、当該元本払戻金（特別分配金）の額だけ帳簿価額を減額する経理処理を行う。

（3）　分配時調整外国税相当額の控除制度（二重課税調整）

公募投資信託などを通じて外国資産に投資した場合において受け取る分配金について、外国と国内での二重課税を調整するため、源泉徴収においても外国税額控除が行われる。支払の取扱者である証券会社等が、分配金に係る所得税額を上限としてその投資信託がその期に外国で納めた外国税額を差し引く仕組みである。ただし、**住民税への適用はない**。

◆二重課税調整のイメージ

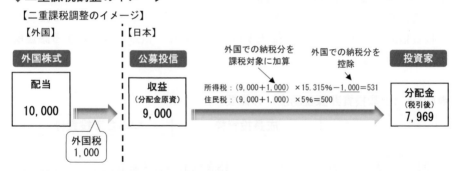

【二重課税調整のイメージ】

※外国株式からの配当金を10,000円、外国での税率を10%、日本の所得税を15.315%、住民税を5%とした場合のイメージである。（円未満は切り捨て）
※各段階での数値は、保有している商品やその投資先に関する税制、投資家の属性等によって異なる。

3．株式投資信託の換金差益・償還差益に対する課税

（1）　個人投資家に対する課税

　株式投資信託を解約、買取にかかわらず換金した場合の換金差益又は株式投資信託の償還を受けた場合の償還差益については、譲渡所得（申告分離課税）の対象となり、換金・償還価額と取得価額の差額について、上場株式の売買損益等と通算した上で譲渡益課税が行われる。

　換金差損及び償還差損は、上場株券等の譲渡損失に係る損益通算及び繰越控除の対象となる。

　原則として確定申告により納税するが、源泉徴収ありの特定口座（源泉徴収選択口座）を利用することも可能である。

（2）　法人投資家に対する課税

　法人投資家が受け取る株式投資信託の解約差益・償還差益については、個人投資家の場合と異なり、配当所得としての取扱いを受ける。

　したがって、解約価額又は償還価額が、受益者の個別元本を上回る額について、株式投資信託の場合には、所得税及び復興特別所得税（15.315％）のみの源泉徴収となる。

4．公社債投資信託に対する課税

　公社債投資信託は特定公社債等に分類され、分配金は申告分離課税の利子所得、解約差益・償還差益は申告分離課税の譲渡所得となる。税率は20.315％（所得税15％、復興特別所得税0.315％及び住民税5％）である。なお、法人に住民税の特別徴収は行われない。

5 NISA（少額投資非課税制度）

　成長投資枠と**つみたて投資枠**があり、NISA口座（非課税口座）で投資した投資信託の分配金に対する**配当所得**、換金差益・償還差益に対する**譲渡所得**が非課税となる。

◆**NISA（少額投資非課税制度）の概要**

	成長投資枠	つみたて投資枠
	併用可能	
対　　象　　者	18歳以上の居住者等	
口 座 開 設 期 間	恒久化	
非 課 税 保 有 期 間	無期限化	
年 間 投 資 枠	240万円	120万円
非課税保有限度額 （総枠）【※1】	1,800万円 ※簿価残高方式・非課税枠の再利用が可能	
	1,200万円（内数）	
投　資　方　法	制限なし	契約に基づき、定期的かつ継続的な方法で投資
非課税対象商品	上場株式・公募株式投資信託等 ①整理・監理銘柄②信託期間が20年未満、高レバレッジおよび毎月分配型の投資信託等を除外	長期の積立・分散投資に適した公募・上場株式投資信託
損　益　通　算	非課税口座で発生した**譲渡損失は**なかったものとされ、他の口座の配当等や譲渡益との**損益通算は**できない。	

【※1】利用者それぞれの非課税保有限度額については、金融機関から一定のクラウドを利用して提供された情報を国税庁において管理

　なお、2023年末までに旧制度の一般NISAおよびつみたてNISA制度において投資した商品は、新しい制度の外枠で、旧制度における非課税措置が適用される。

　旧制度から新しい制度へのロールオーバーはできない。

　また、2023年までにジュニアNISAにおいて投資した商品は、5年間の非課税期間が終了しても、所定の手続きを経ることで、18歳になるまでは非課税措置が受けられることとなっているが、今回、その手続きを省略することで、利用者の利便性向上を手当てすることとなる。

◆ **（参考）旧NISA（少額投資非課税制度）の概要**（2023年まで）

	一般NISA	つみたてNISA	ジュニアNISA
	いずれかを選択（1年単位で変更可）		ジュニアNISA
対　象　者	18歳[※1]以上の居住者等		18歳[※2]未満の居住者等
年 間 投 資 額	120万円	40万円	80万円
	※未使用枠の翌年以降の使用不可		
非 課 税 期 間	最長5年間	最長20年間	最長5年間
非課税投資総額	600万円	800万円	400万円
投 資 方 法	制限なし	契約に基づき、定期かつ継続的な方法で投資	制限なし
非課税対象商品	上場株式・公募株式投資信託等	長期の積立・分散投資に適した公募・上場株式投資信託等	上場株式・公募株式投資信託等
払 出 し 制 限	なし		18歳[※3]まで払出し制限
非課税口座開設可能数	一人1口座　※重複開設不可		
金融機関の変更	年単位で変更可能		原則変更不可

【※1】口座開設の年の1月1日現在。なお、2023年1月1日前は20歳以上
【※2】口座開設の年の1月1日現在。2023年1月1日前は20歳未満
【※3】3月31日時点で18歳である年の前年の12月31日。ただし、2024年以後は払出制限解除

5・投信業務

9 証券投資信託のディスクロージャー

投資信託のディスクロージャーには、発行開示と継続開示がある。

1．発行開示

金商法上、投資信託を取得してもらう場合は、投資信託説明書（交付目論見書）をあらかじめ又は同時に交付しなければならない。

一方、投信法上、投資信託委託会社は投資信託を取得しようとする者に対して、投資信託約款の内容を記載した書面を交付する必要がある。ただし、**投資信託説明書（目論見書）に投資信託約款の内容が記載されている場合は、当該書面を交付しなくてよい。**

◆投資信託説明書（交付目論見書）の本文

①ファンドの目的・特色
②投資リスク
③運用実績
④手続・手数料等

2．継続開示

（1）　金商法上の継続開示

投資信託委託会社は、各投資信託財産の決算期ごと、**公認会計士又は監査法人による監査を受けた後、決算経過後3ヵ月以内**に有価証券報告書を財務局長に**提出しなければならない。**

（2）　投信法上の継続開示

投資信託委託会社は、各投資信託財産の決算期末ごと（決算が6ヵ月未満のファンドについては6ヵ月ごと）に遅滞なく交付運用報告書と運用報告書（全体版）を作成し、受益者に交付しなければならない。

交付運用報告書は、**運用報告書のきわめて重要な事項を記載した書面**で、販売会社を通じて知れている受益者に**交付しなければならない。**運用報告書（全体版）は、約款に定めることにより、**電磁的方法により提供した場合は、交付したものとみなされる。**ただし、受益者から請求があった場合は交付しなければならない。

◆交付運用報告書の主な記載事項

①当該投資信託財産の運用方針
②当該投資信託財産の計算期間中における**資産の運用の経過**
③**運用状況の推移**
④当該投資信託財産の計算期間中における投資信託委託会社及び受託
　会社に対する報酬等並びに当該投資信託財産に関して受益者が負担
　するその他の費用並びにこれらを対価とする役務の内容
⑤**株式のうち**主要なものにつき、**銘柄ごとに**、当期末現在における**時
　価総額**の投資信託財産の純資産額に対する比率
⑥**公社債のうち**主要なものにつき、**銘柄ごとに**、当期末現在における
　時価総額の投資信託財産の純資産額に対する比率
⑦投資信託の受益証券（親投資信託の受益証券を除く）、親投資信託
　の受益証券及び投資法人の投資証券のうち主要なものにつき、銘柄
　ごとに、当期末現在における時価総額の投資信託財産の純資産額に
　対する比率　　　　　　　　　　　　　　　　　　　　　　　など

ただし、以下の場合には運用報告書の交付等が免除される。

①適格機関投資家私募のファンドであって、投資信託約款に運用報告
　書を交付しない旨を定めている場合
②受益者の同居者が確実に運用報告書の交付を受けると見込まれる場
　合であって、受益者が交付を受けないことについて作成期日までに
　同意している場合
③MRF及び金融商品取引所に上場されているファンドの場合

5・投信業務

10 投資法人

　投資法人制度は、社団（資産を主として特定資産に対する投資として運用することを目的として設立）を創設し、（契約型）投資信託と同様の集合的な資産運用スキームを設けようとするものである。

　投信法において、「投資法人は、**資産の運用以外の行為を営業としてすることが**できない」と規定されている。

　投資法人は、運用業務、資産保管業務、投資主総会・役員会の運営、計算等の**業務について、すべて**外部委託**しなければならず、その商号中に投資法人**という文字を用いなければならない。わが国では主に不動産投資法人（J-REIT）として利用されている。

◆投資法人の仕組み図

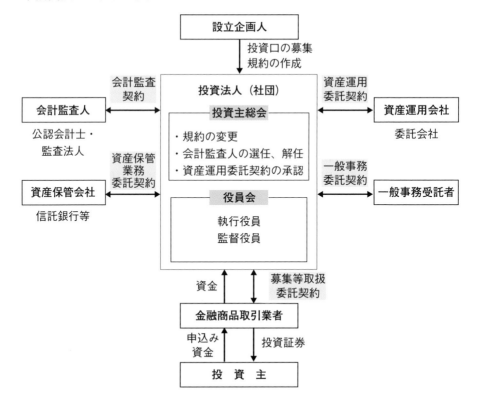

1．投資法人の設立・募集

（1）　設　立

　投資法人は、設立企画人が規約を作成し、内閣総理大臣に届出を行い、一定の手続を経て登記することにより設立される。

①設立企画人は、主として投資の対象とする特定資産と同種の資産を運用の対象とする投資運用業の登録を受けた金融商品取引業者又は信託会社等に限られる。

②設立企画人の少なくとも1名は、主として投資の対象とする特定資産と同種の資産の運用事務経験などが必要。

③規約は投資法人の基本的事項を定めたもので、契約型投資信託の約款、株式会社の定款に該当する。

> ア）投資主の請求により投資口の払戻しをする旨、又はしない旨
> イ）投資法人が常時保持する最低限度の純資産額（5,000万円以上）
> ウ）資産運用の対象及び方針
> エ）金銭の分配の方針
> オ）オープンエンド型の場合に、一定の場合において払戻しを停止する旨
> カ）投資法人が発行することができる投資口の総口数　　　　　など

④成立時の出資総額　重要

> 投資法人の成立時の出資総額は、設立の際に発行する投資口の払込金額の総額であり、1億円以上と定められている。

（2）　投資法人の登録　重要

> 投資法人は、設立については届出制を採用しているが、業務については登録制を採用している。

（3）　募集投資口の募集

　投資法人は、規約に定められた投資口の総口数の範囲内で、募集投資口の募集をすることができる。ただし、投資法人に係る業務は外部委託することになっているので、投資法人の執行役員は投資証券等の募集等に係る事務をしてはならないことになっている。

２．投資法人の機関

（１） 投資主総会

投資主総会は、原則として執行役員が招集し、投資主総会では法律又は規約に定めた事項についてのみ決議する。主な決議事項は次のとおりである。

普通決議[※1]	①執行役員、監督役員及び会計監査人の選任及び解任 ②資産運用業務委託契約の承認
特別決議[※2]	①規約の変更 ②投資口の併合 ③合併 ④解散

【※1】発行済投資口の過半数の投資口を有する投資主が出席し、その議決権の過半数をもって決議する

【※2】発行済投資口の過半数の投資口を有する投資主が出席し、その議決権の３分の２以上の多数をもって決議する

（２） 執行役員、監督役員、役員会

	執行役員	監督役員	役員会
役割等	○投資法人の業務を執行し、投資法人を代表する ○３ヵ月に１回以上、業務の執行状況を役員会に報告しなければならない	執行役員の業務を監督する	執行役員が重要な業務執行を行う場合は、役員会が承認しなければならない
構成 （人数）	1人又は２人以上	執行役員の数に１を加えた数以上でなければならない	投資主総会で選任された執行役員と監督役員

監督役員と執行役員との兼任は、認められない。

> **注意**
> 「投資法人の執行役員は3人以上必要である」と出題されると誤り。1人でもよい。

> **注意**
> 「監督役員と執行役員は兼務できる」と出題されると誤り。兼務できない。

3．投資法人の運用

　投資法人は、資産運用のための器（導管）としての機能しか果たさず、**資産運用業務は資産運用会社**、**資産保管業務は資産保管会社**、**一般事務は一般事務受託者に**委託することが義務付けられている。

　また、以下のような規則がある。

主　体	資産運用会社は、投資運用業を行う金融商品取引業者でなければならない
認可等	**投資対象に不動産が含まれる場合は、**宅地建物取引業法上の**免許・認可が必要**
再委託	資産運用会社は、資産運用に係る権限の全部を再委託することは禁止されているが、投資法人との契約でその一部を再委託することは可能
義　務	投資法人に対する忠実義務と善管注意事務（善良な管理者の注意をもって業務を遂行する義務）が課されている

4．不動産投資法人（J-REIT）

　不動産投資法人（J-REIT）は、主として不動産等（**賃借権、地上権も含む**）や不動産等を主たる投資対象とする資産対応証券等に投資し、賃料収入等の運用益を投資者に分配するものであり、その運用は不動産運用の専門家である資産運用会社（投資信託委託会社）が行う。

（1）　上場基準と販売

　不動産投資法人は、金融商品取引所に上場されて投資家に売買の場が提供されており、その基準はファンドの運用資産全体の70％以上が不動産等で占められることなどの要件を満たす必要がある。

　一般投資家が上場不動産投資法人を売買する場合には、**上場株式と同様、**指値**注文、**成行**注文及び**信用取引**が可能であり、**手数料は販売会社が独自に定めている。**

（2） 資産の保管等

資産の保管	投資法人は、資産保管会社【※】に保管業務を委託しなければならない
一般事務の受託	投資法人は、**資産の運用及び保管に係る業務以外の業務**に係る事務（以下の①～④等）を一般事務受託者に委託しなければならない ①投資法人の会計 ②投資口及び投資法人債の募集 ③投資主名簿、新投資口予約権原簿及び投資法人債原簿の作成等 ④役員会の運営等
金銭の分配	投資法人が税法上支払分配金を損金（収益が非課税）にするには、原則、**配当可能利益の90%超を分配する必要**がある
	投資信託協会は不動産投資法人が当期中に得た**利益額の全額を分配できる**旨定めている
	計算期間の末日に算定された減価償却累計額の合計額から前計算期間の末日に計上された**減価償却累計額の合計額を控除した額の60%を上限**に、税法上の出資等減少分配に該当する**出資の払戻しとしての分配が認められる**（利益超過分配金）
資金調達	投資法人債の募集、借入れ及び短期投資法人債（CP）の発行　　など

【※】信託会社等、有価証券等管理業務を行う金融商品取引業者などに限定される

> **注意**
> 「投資法人は、一般事務受託者に資産の保管業務を委託しなければならない。」と出題されると誤り。一般事務受託者は、<u>資産の運用及び保管に係る業務以外の業務</u>に係る事務を行う者をいう。

（3） J-REITのディスクロージャー

投資法人の執行役員は、決算ごとに資産運用報告を作成し、貸借対照表等他の財務諸表とともに会計監査人の監査を受け、役員会で承認の後、遅滞なく投資主に通知しなければならない。

これは必須！

◎演習問題◎

次の文章について、正しい場合は○、正しくない場合は×にマークしなさい。

1. 私募投資信託に関する規制は、公募投資信託よりも厳しい。

2. 契約型投資信託及び会社型投資信託には、法人格がある。

3. 株式投資信託は、債券を一切組み入れない投資信託である。

4. 公社債投資信託は、株式の組み入れは3％までできる。

5. ETFの売買は、純資産価格（基準価額）に基づき行われる。

6. 外国投資信託とは、外国の資産に投資する信託である。

7. ファンド・オブ・ファンズは、信託財産の一部については株式や債券に投資することができる。

8. 投資運用業を行おうとする者は、内閣総理大臣の許可を受けなければならない。

9. 受益者は、投資金額に応じて均等の権利を持っている。

10. 目論見書、運用報告書の発行及び顧客への交付は、販売会社の業務である。

11. アクティブ運用は、日経平均などのベンチマークにできるだけ近い運用成果を目指す運用手法である。

12. 株式投資信託の募集手数料は、販売会社により異なることがある。

13. MRFは、毎日決算が行われ、毎日自動再投資される。

14. ETFの分配金は、基本的には上場株式と同様であり、普通分配金と元本払戻金（特別分配金）の区別はない。

15. 毎月分配型投資信託は、毎月一定の分配金が支払われる訳ではなく、分配金が支払われないこともある。

16. 投資法人は、設立については届出制を採用しているが、業務については登録制を採用している。

17. 元本が保証されている預金等を取り扱っている金融機関が投資信託を販売する場合には、顧客に対し、書面交付等の適切な方法により、投資信託と預金等との誤認を防止するための説明を行わなければならない。

18. 投資法人は、資産の保管業務を一般事務受託者に委託しなければならない。

19. 投資法人の監督役員は、当該法人の執行役員を兼任することはできない。

20. NISAの年間投資枠は、つみたて投資枠120万円、成長投資枠240万円であり、非課税保有限度額は、1,800万円（うち成長投資枠1,200万円）である。

解答

••

1．× 私募投資信託の規制は、公募投資信託よりも<u>緩やか</u>である。
2．× <u>契約型投資信託</u>には、<u>法人格はない</u>。
3．× 株式投資信託は、<u>債券の組み入れは可能</u>である。
4．× 公社債投資信託は、<u>株式の組み入れは一切できない</u>。
5．× ETFの売買は、<u>取引所における市場価格で売買</u>される。
6．× 外国投資信託は、<u>外国において外国の法律に基づいて設定された信託で投資信託に類するもの</u>をいう。
7．× ファンド・オブ・ファンズは、<u>株式や債券に直接投資</u>することはできない。
8．× 投資運用業を行うとする者は、内閣総理大臣の<u>登録</u>が必要である。
9．× 受益者は、投資金額ではなく、<u>受益権の口数に応じて均等の権利を持っている</u>。
10．× 目論見書、運用報告書の<u>発行</u>は、<u>委託者の業務</u>である。顧客への交付は、販売会社の業務である。
11．× アクティブ運用は、<u>ベンチマークを上回る運用成果を目指す運用手法</u>である。アクティブ運用、インデックス運用の入れ替えに注意すること。
12．○
13．× MRFは毎日決算が行われ、<u>毎月末に再投資</u>される。
14．○
15．○
16．○
17．○ 問題文は、預金等との誤認防止措置の記述である。
18．× 資産の保管義務は、<u>資産保管会社</u>に委託しなければならない。
19．○
20．○

第6章
セールス業務

外務員の倫理観とコンプライアンスについて、具体例を基に出題されることがあります。また、金融庁の「顧客本位の業務運営に関する原則」が出題されることがありますが、すべて覚える必要はありません。いずれも常識の範囲内で「投資者保護」の立場で判断してください。

一種　（10点）	
○×	四肢選択
2問	―

二種　（10点）	
○×	四肢選択
―	1問

予想配点

1 外務員の仕事と取り組む姿勢

●外務員は常に職業人として金融商品取引業者等の有する公共的な役割を個々に認識し、高い**法令遵守意識や職業倫理と自己規律**をもって業務に当たっていくという姿勢が求められる。

●外務員は、刻々と変化する市場の様々な情報を的確に分析し、投資家に対して有用なアドバイスができるように自己研鑽に励む必要がある。

●外務員は、投資家のニーズを的確に分析・把握するとともに、投資方針や投資目的、資産や収入などを勘案し、未来に対する誠実な洞察と豊富な商品知識に基づく有用な投資アドバイスを行うことが求められており、有用なアドバイスを行うことにより、投資家から高い満足度と大きな信頼を得ることができる。

●外務員の仕事に取り組む姿勢としては、基本動作を大切にする、信用を売るという自覚及び常に自己研鑽に励むことが求められる。

●外務員は常に最新かつ多くの情報を集め、投資家それぞれのニーズに最適な価値を有する商品・サービスを提供できるようにしておくことが必要である。

●投資環境はもとより、自己の力量に対する現状認識も常に行いながら、知識や技能など自ら補うべきものを把握し研鑽に励むことで、世の中の変化を敏感に察知し、大量の情報を分析する能力が身に付き、投資家に対して満足いくサービスが提供できるようになる。

●顧客の投資ニーズを知る。そのためには、自分から能動的にコミュニケーションをとり、顧客の事情を探らなければならない。

●顧客のニーズに合った商品を選定し、顧客の納得のうえで実際に購入してもらう。

2 倫理観とコンプライアンス

１．外務員に求められる倫理観

（１）　倫理観を持つことの必要性

◎外務員は常に金融商品取引業者等の業務に携わるプロフェッショナルとして、その責務の面からも高い法令遵守意識や、職業倫理と自己規律を身に付けて業務に当たっていくという姿勢が求められる。

◎倫理なきビジネスは成立しないため、**たとえルールがなくても、**不適切な行為はしない。

◎外務員はプロフェッショナルとしてリスクや不正の除去のために積極的に行動する姿勢が強く求められる。

◎外務員は、顧客の立場に立つこと、判断を行うとき、法令やルールに照らし問題がないか、市場の公正性・公平性は保たれるか、社会通念上問題がないか等、複数の観点から検討が必要である。

◎適切な倫理感覚を養うには、まず顧客の立場に立つことが必要である。また、第三者の目線を意識することも重要である。

（２）　不正行為の禁止及び外務員としての自覚

◎外務員は、不正又は不適切な行為を行わないように心がけなければならない。さらにリスクや不正を排除するために積極的に行動する姿勢が強く要求される。

◎外務員が、不正又は不適切な行為を行うことは言語道断だが、これらの行為は、行為者本人のみに損失をもたらすだけではなく、外務員の所属する**会社**や**業界全体**あるいは**資本市場自体の信頼を大きく傷つける可能性がある**ことを常に意識しなければならない。

◎金融商品取引業者等と顧客との間では一般的に大きな情報の格差があるため、それらを是正し、顧客が適切かつ十分な情報を得たうえで、**自らの判断に基づいて投資を行うべきである**ことを理解する。

◎インサイダー取引、相場操縦などの行為を行った場合には、刑事訴追をされたうえ、厳しい刑事罰が科される。

◎事の大小にかかわらず、違反行為を行ってはならない。違反行為が発覚した場合には、しかるべき部署や機関に**速やかに報告**を行う。さらに大きな事故に結び付く危険があることを心得なければならない。

２．法令・ルールを遵守する（コンプライアンス）

（１）　コンプライアンスとは

◎外務員は法令・ルールの内容はもちろんのこと、その制定された趣旨や背景に至るまで十分熟知し、適法かつ適切な営業活動に徹することが必要である。

重要　〈基本的な倫理規範〉

①投資家の期待と信頼に応えられるように最善を尽くすこと

外務員は、投資家の期待と信頼に応えられるよう、知識技能の習得など自己研鑽に励み、高い倫理観をもって営業活動に当たらなければならない。

②投資の最終決定者は投資家自身であること

投資の最終決定は、あくまで投資家自身の判断と責任に基づいて行われるべきものである。

③正確かつ合理的根拠に基づく営業活動を行うこと

外務員が投資家に投資アドバイスを行う際は、合理的な根拠に基づき十分な説明を行う必要があり、また、投資家の誤解を招かないためにも、その説明内容や使用する資料などは正確でなければならない。

④投資方針、投資目的などに配慮した投資アドバイスを行うこと

投資家が投資方針や投資目的、資産や収入などに照らして明らかに不適切な投資を行おうとした場合、外務員は投資家に対して再考を促すよう適切なアドバイスを与えることが求められている。

（2） 外務員の留意事項

外務員が実際に顧客と金融商品取引を行うに当たって、特に留意すべき点は以下のとおりである。

①反社会的勢力でないことの確認

・口座開設を行う際に、あらかじめ反社会的勢力でない旨の確約を受ける。

・口座開設に際して、顧客が反社会的勢力に該当するか否かをあらかじめ審査する。

②マネー・ローンダリング及びテロ資金供与対策

・マネー・ローンダリング及びテロ資金供与を行う顧客ではないか。
法令により金融機関等は、犯罪による収益である疑いがある場合等について、速やかに金融庁長官に届出ることが義務付けられている。

・顧客の資金が犯罪に由来するものでないか確認する等、マネー・ローンダリング及びテロ資金供与を防止する態勢の構築が義務付けられており、金融機関は十分な対策を講じ、実行することが求められている。

③顧客の適合性

・適合性の原則に則った投資勧誘を行っているか。

・特に高齢顧客に対して投資勧誘を行う場合の注意点について理解しているか。

・勧誘開始基準について理解しているか。

④情報提供・勧誘の方法

・顧客に対して、虚偽のない情報を提供し、誤解を生じさせないような公正な資料を提供しているか。

・有価証券等の価格の騰落について、断定的判断を提供していないか。

・顧客が迷惑と感じる時間帯に勧誘していないか。

・顧客と共同計算の売買や、事前に損失補塡の申込みや約束をしたり、事後に損失補塡を実行したりしていないか。また、特別の利益の提供を約束して勧誘していないか。

6・セールス業務

⑤交付すべき書面

・あらかじめ、顧客に契約締結前書面等を交付しているか（適用除外規定あり）。

・契約締結前交付書面等の交付に関して、適合性の原則に則り、顧客に理解されるために必要な方法及び程度による説明をしているか。

・株式等の募集・売出しの際、顧客に対して事前又は同時に目論見書を交付しているか。株式等の募集・売出しの勧誘に当たって、目論見書の記載と異なる内容の資料を使って勧誘を行っていないか。

⑥受注時等の留意事項

・不特定かつ多数の顧客に対し、特定少数の銘柄の買付け若しくは売付けを一定期間継続して一斉にかつ過度に勧誘することにより、公正な価格形成を損ねるような行為を行ったり、取引に基づく価格等の変動を利用して、自己又は当該顧客以外の第三者の利益を図ったりなど、顧客の注文が相場操縦等の不正な取引となることを知りながら受注していないか。

・顧客に対して、その有価証券の発行会社の法人関係情報を提供して勧誘したり、法人関係情報に基づいて自己の計算において有価証券の売買をしたりしていないか。また、顧客の有価証券の売買が内部者取引（インサイダー取引）に該当すること、又は、該当するおそれがあることを知りながらその売買注文を受託していないか。

・顧客からの有価証券の売買その他の取引等の注文を受ける場合に、本人名義以外の名義（いわゆる仮名・借名）を使用していることを知りながら注文を受けていないか。

・顧客の同意を得ずに、当該顧客の計算により行う無断売買をしていないか。

・重要事項について、当該有価証券の販売が行われるまでの間に説明を行っているか。

・取引時確認を行っているか。

・口座名義人以外の者からの注文について、代理人となる者が満たされなければならない要件を理解しているか。

・事務ミスをしてしまった時の適切な対応について理解しているか。
事務ミスをしてしまった際にはまず、内部管理責任者へ報告し指示を仰ぐ。そのうえで、顧客に対して真摯な対応を行う。くれぐれも事実を隠したり、担当者限りで顧客に追認を求めたりしない。

・投資の最終決定は、投資者自身の判断と責任により行われているかどうか。

⑦商品の特性やリスクの説明

・各商品の特性やリスクとしてどのような事項があるかを理解しているか。

例）外貨建債券の特に新興国通貨建債券の場合は、円と外貨を交換する際のスプレッド（いわゆる為替手数料）が大きく、円貨での手取り金額が顧客の想定以上に目減りすることや流動性が低いことや、為替介入政策がとられることなどにより、思わぬ変動をすることもある。

⑧投資信託の乗換え勧誘

・顧客に対し、投資信託の乗換えを勧誘する場合には、売却する投資信託、買い付ける投資信託のそれぞれについて、乗換えに係る説明を行っているか。

⑨NISA（少額投資非課税制度）

・NISA（少額投資非課税制度）口座開設の勧誘・申込みの受付時や口座開設後に制度の利用に関する説明事項として、どのような事項があるかを理解しているか。

⑩その他

・利益相反取引を回避することについて認識しているか。

・法令違反行為の及ぼす影響について認識しているか。

・金融ADR制度の利用について、顧客に対して十分な周知を図るべきであることを理解しているか。

・金融商品取引業者等が遵守していなければならない個人情報管理について理解しているか。

6・セールス業務

（3） IOSCOの行為規範原則

　IOSCO（証券監督者国際機構）は1990年（平成2年）11月、証券取引のグローバル化を背景に、国際的レベルで証券**業者の行為原則**を共通にする必要があるという考え方に基づいて、7項目の行為規範原則を採択した。

①誠実・公正

　　業者は、その業務に当たっては、顧客の最大の利益及び市場の健全性を図るべく、誠実かつ公正に行動しなければならない。

②注意義務

　　業者は、その業務に当たっては、顧客の最大の利益及び市場の健全性を図るべく、相当の技術、配慮及び注意を持って行動しなければならない。

③能力

　　業者は、その業務の適切な遂行のために必要な人材を雇用し、手続きを整備しなければならない。

④顧客に関する情報

　　業者は、サービスの提供に当たっては、顧客の資産状況、投資経験及び投資目的を把握するよう努めなければならない。

⑤顧客に対する情報開示

　　業者は、顧客との取引に当たっては、当該取引に関する具体的な情報を十分に開示しなければならない。

⑥利益相反

　　業者は、利益相反を回避すべく努力しなければならない。利益相反を回避できないおそれがある場合においても、全ての顧客の公平な取扱いを確保しなければならない。

⑦コンプライアンス（遵守）

　　業者は顧客の最大の利益及び市場の健全性を図るため、その業務に適用される全ての規則を遵守しなければならない。

（4）　金融サービス業におけるプリンシプル

プリンシプルとは、法令等個別ルールの基礎にあり、各金融機関等が業務を行う際、また、当局（金融庁）が行政を行うに当たって**尊重すべき主要な行動規範・行動原則**と考えられるもの。

金融サービス業におけるプリンシプルについては、金融商品取引業者等の業務に携わる関係者は、その趣旨についても、十分に肝に銘じる必要があるといえる。

（5）　顧客本位の業務運営に関する原則

顧客本位の業務運営に関する原則では、金融事業者が各々の置かれた状況に応じて、形式ではなく実質において顧客本位の業務運営が実現できるよう「**プリンシプルベース・アプローチ**」が採用されている。

金融事業者が「顧客本位の業務運営に関する原則」を採択する場合には、**顧客本位の業務運営を実現するための明確な方針を策定し、当該方針に基づいて業務運営を行う**ことが求められている。また、実施しない場合にはそれを実施しない理由や代替案を十分に説明することが求められる。

原則1　顧客本位の業務運営に関する方針の策定・公表等

金融事業者は、顧客本位の業務運営を実現するための明確な方針を策定・公表するとともに、当該方針に係る取組状況を定期的に公表すべきである。当該方針は、より良い業務運営を実現するため、定期的に見直されるべきである。

原則2　顧客の最善の利益の追求

金融事業者は、高度の専門性と職業倫理を保持し、顧客に対して誠実・公正に業務を行い、顧客の最善の利益を図るべきである。金融事業者は、こうした業務運営が企業文化として定着するよう努めるべきである。

6・セールス業務

原則3　利益相反の適切な管理

　金融事業者は、取引における顧客との利益相反の可能性について正確に把握し、利益相反の可能性がある場合には、当該利益相反を適切に管理すべきである。金融事業者は、そのための具体的な対応方針をあらかじめ策定すべきである。

原則4　手数料等の明確化

　金融事業者は、名目を問わず、顧客が負担する手数料その他の費用の詳細を、当該手数料等がどのようなサービスの対価に関するものかを含め、顧客が理解できるよう情報提供すべきである。

原則5　**重要な情報の分かりやすい提供**

　金融事業者は、顧客との情報の非対称性があることを踏まえ、上記原則4に示された事項のほか、金融商品・サービスの販売・推奨等に係る重要な情報を顧客が理解できるよう分かりやすく提供すべきである。

原則6　**顧客にふさわしいサービスの提供**

　金融事業者は、顧客の資産状況、取引経験、知識及び取引目的・ニーズを把握し、当該顧客にふさわしい金融商品・サービスの組成、販売・推奨等を行うべきである。

原則7　従業員に対する適切な動機づけの枠組み等

　金融事業者は、顧客の最善の利益を追求するための行動、顧客の公正な取扱い、利益相反の適切な管理等を促進するように設計された報酬・業績評価体系、従業員研修その他の適切な動機づけの枠組みや適切なガバナンス体制を整備すべきである。

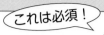

◎演習問題◎

次の文章について、正しい場合は○、正しくない場合は×にマークしなさい。

1. 外務員は、顧客がその投資目的や資金量にふさわしくない投資を行おうとする場合でも、自己責任原則を重視する必要がある。

2. 外務員が、不正又は不適切な行為を行うことは、当該行為者本人のみに損失をもたらすだけでなく、当該外務員の所属する会社や業界全体あるいは、資本市場自体の信頼を大きく傷つける可能性がある。

3. 外務員は、自社の利益のため法令、諸規則に違反する可能性があっても、確実に違反でなければ積極的に行動すべきである。

4. 外務員は、顧客に商品を勧めた時、顧客の意向に合わない商品であっても、自分の提案した商品の有効性や有益性を強く訴える必要がある。

5. インサイダー取引、相場操縦などの行為を行った場合には、刑事訴追をされたうえ、厳しい刑事罰が科される。

6. 顧客本位の業務運営に関する原則では、金融機関等が各々の置かれた状況に応じて、形式ではなく実質において顧客本位の業務運営が実現できるよう「プリンシプルベース・アプローチ」が採用される。

7. 金融事業者が「顧客本位の業務運営に関する原則」を採択する場合には、顧客本位の業務運営を実現するための明確な方針を策定し、当該方針に基づいて業務運営を行うことが求められている。

8. 金融事業者は、顧客の資産状況、取引経験、知識及び取引目的・ニーズを把握し、当該顧客にふさわしい金融商品・サービスの組成、販売・推奨等を行うべきである。

解答

・・・

1. × 外務員は、<u>顧客がその投資目的や資金量にふさわしくない投資を行おうとする場合には、顧客に対して再考を促すような適切なアドバイスを与える</u>ことが求められている。

2. ○

3. × 外務員は、たとえ<u>ルールがなくても不適切な行為をしない</u>という姿勢が必要である。

4. × 外務員は、<u>顧客の投資方針・投資目的・投資経験や資産など顧客属性の把握に努め、その意向に沿った投資アドバイスを行う必要がある。</u>

5. ○

6. ○

7. ○ なお、実施しない場合には、それを実施しない理由や代替案を十分に説明することが求められる。

8. ○

162

第7章
債券業務

利回り計算、単価計算と合わせて理解しましょう。「債券価格が上昇すると利回りは低下する」など、債券市況と変動要因を理解することも大切です。国債の発行根拠法による分類も含めた債券の種類、また、現先取引や入替売買などの債券の売買手法も理解しましょう。

一種 （40点）	
○×	四肢選択
2問	3問

二種 （35点）	
○×	四肢選択
1問	3問

予想配点

1 債券とその特徴

1．債券とは

　債券とは、国をはじめ、地方公共団体、政府関係機関、事業会社及び金融機関などが、広く一般の投資者から一時に大量の資金を調達し、その見返りとして、元本の返済や利子の支払いなどの条件を明確にするために発行する証書である。

　債券の発行を日常の貸借関係に例えれば、その発行者は債務者であり、債券を保有する投資者は債権者、債券は**借用証書に相当**する。

2．債券の特徴

　債券の発行は、一般的な金銭の貸借と異なり、以下のような特徴がある。

①	多数の投資者が均一の条件で投資する
②	発行者は一時に大量の資金を調達できる
③	証書は有価証券として規格化されていて、その証書を売却することにより、いつでも債権者としての立場を他人に移転することができる

3．資金調達手段としての債券

　民間事業会社が長期安定資金を調達する方法としては、債券発行のほか、新株発行による増資があるが、増資はその資金を半永久的に使用できるのに対し、債券は期限到来による返済義務がある。

　また、発行時に投資者に約束した利子を定期的に支払う必要がある。

4．投資対象としての債券

　投資対象を選ぶ場合、以下の3つの面から十分検討する必要がある。

収益性	預貯金に比較して利回りが高い
安全性	債券には償還期限があり、それが到来すれば、元本が返済されることが、発行者によって約束されている ただし、発行者が財政難や業績不振に陥った場合には、債券の利払いが遅延したり、元本の償還が不能になることがある（このような状態を「デフォルト」という）
換金性	**途中換金は、時々刻々変動する市場相場によるのが原則である**

2 債券の種類

　債券は、国債、地方債、政府関係機関債（特別債）、地方公社債（以上を**「公共債」**という）、金融債、事業債、特定社債、投資法人債（以上を**「民間債」**という）、外債などがある。なお、債券の現存額の約9割を公共債が占め、とりわけ国債が、債券全体の8割強を占めている。

1．国　債

（1）　超長期国債（20年利付国債、30年利付国債、40年利付国債）
　○20年債、30年債：価格競争入札による公募入札方式
　○40年債：**イールド**（利回り）**競争入札**による公募入札方式

（2）　変動利付国債
　○期間15年で、利率が年2回の利払日ごとに市場実勢に応じて変化する
　○2008年5月を最後に新規発行はされていない

（3）　長期国債（10年利付国債）
重要　○発行・流通市場の双方において、**わが国の債券市場の中心的銘柄**
　○その発行条件や流通利回りは、他の年限の国債、その他の国内債の指標となっている
　○**価格競争入札**による**公募入札**方式で発行

（4）　中期国債（2年利付国債・5年利付国債）
　○価格競争入札による公募入札方式により発行
　○期間2年と5年の2種類発行

注意

「国債は、<u>国債引受シンジケート団引受け方式</u>による発行である」と出題されると誤り。国債は、原則として<u>公募入札方式</u>である。公募入札には価格競争入札とイールド競争入札の2つがあり、ほとんどが価格競争入札で、超長期国債の40年債がイールド競争入札である。

（5）　国庫短期証券

　国債の償還の平準化を図り円滑な借換えを実現すること、及び国の一般会計や種々の特別会計の一時的な資金不足を補うために発行される。

償還期間	２ヵ月、３ヵ月、６ヵ月及び１年
市中発行方式	価格競争入札による割引方式
最低額面金額	５万円
その他	**法人及び個人ともに保有可能**

（6）　物価連動国債

①	元金額が物価の動向に連動して増減する国債で、適格機関投資家等の法人に加え、**個人の保有**も認められる
②	物価連動国債の発行後に物価が上昇すれば、その上昇率に応じて元金額が増加する（増減後の元金額を「想定元金額」という）
③	**償還額は、償還時点での想定元金額、利払いは年２回で、利子の額は各利払時の**想定元金額**に表面利率を乗じて算出**する
④	表面利率は発行時に固定し、全利払いを通じて同一である
⑤	物価連動国債には、**償還時の元本保証（フロア）**が設定され、償還時の連動係数が１を下回る場合、**額面金額で償還される**

（7）　脱炭素成長型経済構造移行債（GX経済移行債）

　GX投資を官民協調で実現していくため創設された国債で、カーボンプライシング導入の結果として得られる将来の財源を裏付けとして発行されている。

（8）　新型窓口販売方式国債（新窓販国債）

　民営化前の郵便局で行われてきた募集取扱方式から募集残額を引受ける義務をなくしたうえで、郵便局以外の民間金融機関にも拡大したものである。

①	最低**５万円**から５万円単位で、個人も法人も購入できる
②	２年、５年、10年満期の**固定金利方式**で**毎月募集**される
③	中途換金は、市場価格であるため、購入価格を上回ることもあれば、下回ることもある

（9）　個人向け国債（固定３年、固定５年、変動10年）

購入者を個人に限定する国債である。

◆個人向け国債

	固定３年	固定５年	変動10年
購入対象者等	個人に限定		
満　期	３年	５年	10年
最低額面	１万円（額面100円につき100円）		
償還金額	額面金額100円につき100円（中途換金時も同じ）		
利払い	年２回の固定金利	年２回の固定金利	年２回の変動金利
金利水準	基準金利－0.03％	基準金利－0.05％	基準金利×0.66
金利下限	0.05％		
中途換金	発行から１年経過後であればいつでも可		
中途換金時の換金金額	額面金額＋経過利子－中途換金調整額[※]		
発行頻度	毎月発行		

【※】中途換金調整額＝直前２回分の税引前利子相当額×0.79685

注意

個人向け国債は、固定金利、変動金利等の条件の入れ替えに注意すること。

◆国債の発行根拠法による分類

建設国債	国の資産を形成するものとして、公共事業費、出資金及び貸付金の財源に充てるため、財政法に基づき発行される
重要 特例国債	税収及び税外収入等に加えて、建設国債を発行してもなお歳入不足が見込まれる場合に、公共事業費等以外の歳出に充てる資金を調達することを目的として各年度における特例公債法（特別の法律）により発行される。いわゆる「赤字国債」のこと
借換国債	各年度の国債の整理又は償還のための借換えに必要な資金を確保するため、特別会計に関する法律に基づき発行される
財政投融資特別会計国債	財政融資資金において運用の財源に充てるため、特別会計に関する法律に基づき発行される。いわゆる「財投債」のこと

注意

「特例国債＝赤字国債」を確実に覚えること。

7・債券業務

（10） ストリップス国債

　利付国債の元本部分と利子部分を証券会社などが分離して販売することができる。分離した元本部分、利子部分とも、機関投資家など法人が主な購入者となるが、個人投資家も購入できる。

２．地方債

　都道府県、市町村などの**地方公共団体の発行する**債券で、国債と合わせて公債ともいう。

全国型市場公募地方債
重要 ○地方債の中で**知名度が高く、保有者も広範**であるため、流動性にも優れている ○全国型市場公募地方債を発行できる団体は、一部の**都道府県と**すべての**政令指定都市**である
その他の地方債
銀行等引受地方債、住民参加型市場公募地方債、交付地方債などがある

> **注意**
> 「全国型市場公募地方債を発行できる団体は、<u>すべての都道府県と一部の政令指定都市である」と出題されると誤り。<u>一部の都道府県とすべての政令指定都市</u>である。

> **注意**
> 「銀行等引受地方債を発行できる団体は、<u>一部の都道府県とすべての政令指定都市である</u>」と出題されると誤り。<u>市や区でも発行できる</u>。

３．政府関係機関債（特別債）

政府保証債
重要 **元利払いにつき**政府の保証**が付いて発行される**
その他の政府関係機関債
非公募特殊債、財投機関債がある

> **注意**
> 「元利払いにつき政府の保証が付いて発行されるのは、政府保証債だけである」と出題されると正しい。

4．その他

コマーシャル・ペーパー（CP）	優良企業が無担保で短期の資金調達を行うために、割引方式で発行される有価証券であり、約束手形の**性格**も有している CPは、企業が銀行や証券会社などを通じて発行し、銀行、証券会社及び短資会社等の仲介により機関投資家等に販売されている
譲渡性預金証書（CD）	**金融機関が発行**する譲渡可能な預金証書のことで、自由金利商品である。国内CD**は、金融商品取引法上の有価証券の定義に**含まれないため、証券会社が国内CDを扱う場合は、金融商品取引業以外の業務として位置付けられる
海外CP、外国貸付債権信託受益証券及び海外CD	外国貸付債権信託受益証券とは、海外の金融機関の貸付債権を信託した資産金融型商品、例えばCARDsなどが、これに該当する

注意

コマーシャル・ペーパー（CP）と譲渡性預金証書（CD）の入れ替えに注意すること。

3 債券の条件

1．額　面（振替単位）
債券1枚ごとの券面上に表示されている金額を額面という。

◎振替債等ペーパーレス化された債券は、券面という形態が存在しないため、額面の表示はない。

◎債券の条件等に係る事項を記載し発行体から投資者に交付される書面等において「各債券の金額」として定められる金額が、従来の概念でいうところの額面金額に当たると考えることができる。

2．単　価
額面100円当たりで表し、単価とするのが慣行である。

オーバーパー	100円**超**
パー	100円**ちょうど**
アンダーパー	100円**未満**

注意
パー、オーバーパー、アンダーパーは、ゴルフのスコアに置き換えると分かりやすい。

3．新発債と既発債

| 新発債 | 新しく発行された債券 |
| 既発債 | 発行日後の債券、既に発行された（既発）の債券 |

4．利率と利回り　重要

利　率	額面に対する1年当たりの利子の割合、クーポン・レート、クーポン
利回り	投資元本に対する1年当たりの収益の割合

注意

利率と利回りの入れ替えに注意すること。

（1）　債券の利率とは

債券の利率とは、額面金額に対して毎年支払われる1年間の利息の割合のことをいう。債券の購入金額に対してではなく、あくまでも額面金額に対する利息の割合である。

（2）　債券の利回りとは

債券の利回りとは、債券を所有していた期間におけるキャピタル・ゲイン又はキャピタル・ロスと利息を合計した金額の投資金額に対する1年当たりの利益の割合のことである。

（3）　発行者利回りとは

利回りを債券の発行者から見た場合、利子と償還差益以外に引受手数料、受託手数料、元利払い手数料などの費用を負担することになり、これら一切の年当たりの経費が、債券の発行によって調達した手取り資金総額に対してどれだけになっているかという比率を発行者利回りという。発行者利回りは、債券発行による資金調達コストを表している。

○利率と利回りの関係

利回りと期間が同じ数銘柄の債券があれば、利率の高い銘柄ほど単価も高く、利率の低い銘柄ほど単価が安い。

オーバーパーで購入	利率＞利回り
アンダーパーで購入	利率＜利回り

額面より高い価格（オーバーパー）で購入した債券を償還まで保有していた場合、最終利回りは表面利率より低くなる。

7・債券業務

5．償還の種類・償還差損益

（1） 償還の種類

期中償還	任意償還	発行者の都合で行われる
	抽選償還	債券所有者の意思に関係なく抽選で償還が決まる
	定時償還	発行時に期中償還の時期と金額が定められている
最終償還		償還価額は、一般に額面金額である

注意

「債券は、償還期間が決まると、特段の理由がない限り途中で償還されることはない」と出題されると誤り。期中で償還されることがある。

（2） 償還差損益

償還差益	アンダーパーで購入した場合、償還時に発生する差益
償還差損	オーバーパーで購入した場合、償還時に発生する差損

発行市場の概要

1. 債券の発行市場

引受け方法	買取引受け	有価証券の発行に際し、これを売り出す目的をもって当該有価証券の発行者から全部、若しくは一部を取得すること
	残額引受け	当該有価証券を取得する者がない場合に、その残部を取得すること
	○地方債、政府保証債の引受シンジケート団は、銀行等の金融機関や証券会社により組織される ○事業債（社債）等の引受シンジケート団は、金融商品取引業者（証券会社）のみによって組織される	
社債管理者	○社債管理者は、社債権者のために弁済を受ける等の業務を行うのに必要な一切の権限を有する会社 ○**社債管理者**となることができる者は、銀行、信託銀行又は担保付社債信託法による免許を受けた会社及び会社法施行規則で定める者に限られる ○各社債の金額が**1億円以上**である場合、**社債管理者を置く必要はない**	
社債管理補助者	○社債権者が自ら社債を管理することができると考えられる場合、社債の管理の補助を委託することができる ○社債管理補助者となることができる者は、社債管理者となることができるものに加え弁護士及び弁護士法人	
受託会社	○担保付社債は、受託会社の設置が強制される ○社債管理者が受託会社を兼務するのが一般的	
発行形態	公募	不特定多数の投資者を対象とする
	私募	少人数又は特定の投資者を対象とする
	直接発行	発行者が自ら募集を行う
	間接発行	第三者に仲介させる

注意

「社債管理者となることができる者は、銀行や金融商品取引業者に限られる」と出題されると誤り。金融商品取引業者は含まれない。

２．国債の発行市場（国債の発行方式）

国債の発行方式は、市中発行方式、個人向け販売方式及び公的部門発行方式に大別される。

（１）　市中発行方式

国債の市中発行に当たっては、公募入札を基本として、市場実勢を反映した条件設定が行われており、価格競争入札、利回り競争入札、非競争入札、第Ⅰ非価格競争入札及び第Ⅱ非価格競争入札がある。

◆入札方式

ダッチ方式	○落札者はすべて、均一の発行条件で債券を取得する ○40年超長期国債のみ
コンベンショナル方式	○落札者自らが入札した価格（又は利回り）が発行条件となる ○落札者ごとに発行条件が異なる ○20年・30年超長期国債、15年変動利付国債、中期国債、長期国債など

（２）　個人向け販売方式

金融機関が募集の取扱いをする個人向け国債の販売と新型窓口販売方式がある。

（３）　公的部門発行方式

日銀乗換（日本銀行による借換債の引受け）がこれに該当する。
いわゆる乗換引受のことである。

（４）　国債市場特別参加者制度（プライマリーディーラー制度）

国債市場（発行市場及び流通市場）において重要な役割を果たす。
国債管理政策の策定及び遂行に協力する者であって、国債市場に関する特別な責任及び資格を有する者を「国債市場特別参加者」として財務大臣が指定する。

5 流通市場の概要

1．流通市場の特徴
（1）債券ディーラー

多くの流通市場参加者の売り買いの意向を統合して売買を成立させていくための仲介的役割を果たすのが、主として金融商品取引業者（証券会社）やディーリング業務を行う登録金融機関であり、流通市場における中心的な担い手である。これらを債券ディーラーと呼ぶ。

（2）取引所市場と店頭市場

重要 債券の売買は、圧倒的に店頭取引が多い（全売買量の99％以上）。

取引所取引	各証券取引所に上場されている銘柄について、投資者は証券会社を通じて売買取引を行い、取引所で集中的に売買を成立させる。
店頭取引	各投資者と債券ディーラー、又は債券ディーラー間で相対取引を成立させる。売方と買方の合意のもと、多種のニーズに基づく自由な取引をその本質とする。

（3）債券ブローカー

債券ディーラー間の売買だけを専門に取り扱う金融商品取引業者（証券会社）のことである。

2．店頭取引と関連制度
（1）適正な価格

店頭取引に当たっては、**合理的な方法で算出された時価**（社内時価）を基準として、適正な価格により取引を行い、その**取引の公正性を確保**しなければならない。

（2）　取引所取引及び店頭取引の受渡日

取引所取引	国債取引は、原則として売買契約締結日から起算して2営業日目
店 頭 取 引	原則として決められているが、**当事者間の合意があれば**自由

※国債取引については、店頭取引のリテール向け及び非居住者の取引等を除き、2営業日目の日（T＋1）が受渡日となっている。また、国債リテール及び一般債取引については、3営業日（T＋2）が受渡日となる。

（3）　売買参考統計値発表制度

　日本証券業協会は、公社債の店頭売買を行う投資者及び証券会社等の参考に資するため、協会が指定する協会員からの報告に基づき、毎営業日**売買参考統計値を発表している。**

　なお、売買参考統計値とは、指定報告協会員から報告を受けた気配の「平均値」、「中央値」、「最高値」、「最低値」の4つの値をいう。

3．債券貸借取引 一種のみ
（1）　債券貸借取引とは

　債券の空売り【※】を行った場合において、受渡日以前に当該債券の買戻しを行わないときに、その債券を手当てすることを目的に行われる債券貸借取引のことをいう。

【※】ショートセールといい、約定日において既発行の現物の債券を保有しないで売却すること。

（2）　債券貸借取引のあらまし

①	債券貸借取引を開始するに当たっては、あらかじめ当事者間で契約書を取り交わさなくてはならない
②	債券貸借取引は、担保の有無により以下の**3種類の取引**がある ・無担保債券貸借取引 ・代用有価証券担保付債券貸借取引 ・現金担保付債券貸借取引（貸借レポ取引）

6 債券市況とその変動要因

1. 債券価格と利回り 重要

◎「債券**価格（債券相場）**の上昇」は「債券利回りの低下」を意味する。
◎「債券**価格（債券相場）**の下落」は「債券利回りの上昇」を意味する。

【次ページ解説参照】

注意

「利回りの上昇は、債券相場の上昇を意味する」と出題されると誤り。利回りの上昇は、債券相場の下落を意味する。

2. 変動要因

一般に、景気回復は債券価格の下落要因、国内物価の上昇は債券価格の下落要因、円高は債券価格の上昇要因となる。

◆債券価格の主な変動要因 重要

要因\債券市況	国内景気		国内物価		為替	
	回復	後退	上昇	下落	円安	円高
利回り	↗	↘	↗	↘	↗	↘
価格	↘	↗	↘	↗	↘	↗

注意

債券価格の主な変動要因の表は覚えること。

（1） 一般景気動向

①	景気が**上昇**過程に入ると、貸出金利は上昇し、金融機関が資金調達をするコール・手形市場・CD市場などの短期金利も上昇に向かう
②	金利一般が**上昇**する時 ➡債券の利回りは上昇（価格は下落）する 金利一般が**低下**する時 ➡債券の利回りは低下（価格は上昇）する
③	**インフレ**は、債券相場にとっては**マイナス**要因である

（2）　金融政策

　日本銀行の**金融緩和**（基準貸付利率の引下げや資金の供給量を増やす政策）は、**債券市況の**プラス**要因**（金利は低下）である。

買いオペ	日本銀行が国債や手形を買い入れたり、国債を借り入れて担保金を差し入れる（資金供給のため）
売りオペ	日本銀行が国債や手形を売却する（資金吸収のための）

（3）　クレジット・スプレッド

　ある国債と、残存年数の等しいその他の社債等との利回り較差をクレジット・スプレッドといい、発行体の信用力が上昇すれば、格付の上昇等の影響を受け、クレジット・スプレッドが縮小し、債券価格が上昇する。

▶解説◀債券価格と利回りの関係

【事例】

　利率２％、所有期間２年、償還価格100円、購入価格100円とする。

①購入価格と同価格で売却した場合の利回りは

$$利回り＝\frac{2＋(100－100)÷2}{100}×100＝2.000\%$$

②債券の価格が上昇して、購入価格が101円になったとする。

$$利回り＝\frac{2＋(100－101)÷2}{101}×100≒1.485\%$$

　⇒　**債券価格の**上昇**は、利回りの**低下**を意味する。**
　　　利回りの低下**は、債券価格の**上昇**を意味する。**

③債券の価格が下落して、購入価格が99円になったとする。

$$利回り＝\frac{2＋(100－99)÷2}{99}×100≒2.525\%$$

　⇒　**債券価格の**下落**は、利回りの**上昇**を意味する。**
　　　利回りの上昇**は、債券価格の**下落**を意味する。**

利回り計算の詳細は【p.185】参照

7 債券実務

1．公共債の窓販業務

　公共債のいわゆる**窓販業務**（以下「窓販」という）とは、新たに発行される国債等の公共債（**新発債**）を金融機関の窓口で、不特定多数の投資者に対して募集の取扱いを行うこと又は販売することである。

◆現在の公共債の窓販の対象

国　債	①新窓販国債（2年、5年、10年） ②個人向け国債（固定3年、固定5年、変動10年） ③超長期国債 ④長期国債 ⑤中期国債
その他	①政府保証債 ②地方債

2．ディーリング（既発債の売買）業務

（1）　ディーリング業務

　不特定多数の顧客の売買注文に対して、自らが売買の相手方となり、売買を成立させる業務のことをいう。

　登録金融機関が行うディーリング業務の対象となる有価証券には、公共債（国債、政府保証債、地方債）のほか、国内CP、海外CP、海外CD等がある。

（2）　はね返り玉の買取り

重要

①はね返り玉の買取りとは

自社で窓口販売した公共債を償還期限前に購入者から買い取ることである。

公共債は償還期限までの期間が長いため、顧客が中途で換金できるように窓販業務の一環として認められている。

債券市場の動向によって売却価格が購入時の価格を下回って損失が発生することもあるので、顧客に十分説明する必要がある。

［ 買取りの対象となる公共債は、預金と異なり、市場流通性があるため、価格は毎日変動する。 ］

なお、買取価格を決める場合には、登録金融機関の「社内時価」を基準として適正な価格としなければならない。

②はね返り玉の買取りの対象

重要 自社で販売したものに限られる。

保護預りになっていない場合は、自社で販売し、顧客が継続して保有していたものであるか否か、確認しなければならない。

ただし、公共債のディーリング業務の登録を受けている金融機関であれば、この制約はなく、ディーリング業務として買取りを行うことができる。

③はね返り玉の買取りの対象外

個人向け国債は、はね返り玉の買取りの対象外となる。

これは、中途換金のときは、国が額面で買取るためである。

④その他の注意点

一部の買取りも原則として認められるが、買取額は最低券面額の整数倍となる。

3．債券の保護預り等

　券面の存在する債券の保有方法には、保護預り、登録、現物（本券）保有の３つがある。

（1）　保護預り制度

　登録金融機関が顧客から保管の委託を受けて債券等を預かる制度である。保護預り債券は、分別管理が義務付けられている。

特定保管	債券の券種、数量のほかに債券番号等を特定して顧客から債券を預かる方法である。顧客から預かった債券を返還するときには、預かった債券そのものを返還しなければならない
混蔵保管 （混合保管）	複数の顧客から預託を受けた同一銘柄の債券を一括・混同して債券番号等を特定せずに預かる方法である。顧客から預かった債券を返還するときには、同一銘柄、同一金額の債券を返還すればよい

（2）　登録制度

　債券の現物（本券）を不発行とし、登録金融機関が備えている登録簿に権利内容を記載することにより、その権利が法的に認められる制度である。登録された債券を登録債という。

（3）　国債振替決済制度

①	「社債、株式等の振替に関する法律」（以下「社振法」という）により、国債のペーパーレス化（無券面化）を柱とする国債振替決済制度（新制度）が導入されている
②	新制度後に発行されるすべての国債は、社振法に基づき無券面化されるため、証券の発券はできない
③	無券面化に伴い、「保護預り」による従来の方式から、金融機関等が口座管理機関となって「振替口座簿」により顧客の国債を管理する方法になった
④	一般債についても振替制度に移行した

7．債券業務

8 債券の売買手法

1．売切り、買切り

実際に債券を売買するとき、基本となる手法が単純な売切り、あるいは買切りである。

2．入替売買 重要

入替売買とは、同一の投資者が、ある銘柄を売るとともに別の銘柄を買うというように、**同時**に**売り買い**を**約定**する**売買手法**である。

固定的ポートフォリオ運用 重要

・・・

入替売買を機械的に行い、ポートフォリオの償還期限バランスを常に一定に保つ運用方法。**ラダー型**と**ダンベル型**（バーベル型）がある

ラ ダ ー 型	短期から長期までの債券を**年度ごと**に**均等**に**保有**し、毎期、同じ満期構成を維持するポートフォリオ
ダンベル型	流動性確保のための**短期債**と、収益性追求のための**長期債のみを保有**するポートフォリオ

注意

ラダー型とダンベル型の入れ替えに注意すること。ラダーとダンベルの形を想像すればわかり易い（ラダーとは「はしご」のこと）。

3．現先取引 重要

売買に際し**同種**、**同量**の**債券等**を、**所定期日**に、**所定の価額**で**反対売買**することを、**あらかじめ取り決めて行う債券等の売買**をいう。
「債券等の条件付売買取引」ともいう。

これにより、一定期間の利回りを相場の変動とは無関係に確定することができる。現先取引は、債券を担保にした金融取引という性格も有している。

注意

売買手法の入れ替えに注意すること。「現先取引は、売買に際し同種、同量の債券等を、所定期日に、所定の価額で反対売買することを、あらかじめ取り決めて行う債券等の売買をいう」ということを確実に覚えること。

なお、現先取引については、現金担保付債券貸借取引（貸借レポ取引）と
同様に資金調達、資金運用手段として取引されている。

現先取引の種類	委託現先	資金を調達したい売手と資金を運用したい買手との間で、金融商品取引業者がその仲介の役割をする現先取引
	自己現先	金融商品取引業者自身が買手若しくは売手となる現先取引
現先取引の対象顧客		上場会社又はこれに準ずる法人で、経済的、社会的に信用のあるものに限定 （個人は現先取引を行うことができない）
現先取引ができる債券		国債、地方債、社債、円貨建外債など ※新株予約権付社債を除く

> **注意**
> 「現先取引の対象顧客は、<u>銀行等の金融機関に限られる</u>」と出題されると誤り。

> **注意**
> 「現先取引ができる債券に<u>新株予約権付社債が含まれる</u>」と出題されると誤り。

4．着地取引

将来の一定の時期に、一定の条件で債券を受渡しすることをあらかじめ取り決めて行う取引で、約定日から**1ヵ月以上先に受渡し**する場合をいう。

約定日から受渡日までの期間（着地期間）は**6ヵ月を超えてはならない**。

着地取引の対象顧客は、**上場会社又はこれに準ずる法人で、経済的、社会的に信用のあるものに限定**される。

着地取引できる債券には、新株予約権付社債は**含まれない**。

【注】当該着地取引の顧客が適格機関投資家であることなど一定の事項をすべて満たす場合は、着地期間を3年までとすることができる。

5．ベーシス取引

ベーシス取引とは、**現物価格と先物価格の価格差拡大を利用して利ざやを得る取引**（裁定取引[※]）のことをいう。

【※裁定取引は、第10章 デリバティブ取引の概説 p.217を参照】

6. 選択権付債券売買取引 （一種のみ）

重要

（1） 選択権付債券売買取引（債券店頭オプション取引）とは

　当事者の一方が受渡日を指定できる権利（選択権（オプション））を有する債券売買取引であり、行使期間内に受渡日の指定が行われない場合には、契約が解除されるものをいう。

　協会では、選択権料の気配の公表、売買契約の締結、売買取引の方法等について必要な事項を定めている。

　選択権付債券売買取引の特徴として、次の点が挙げられる。

①オーダーメイドでオプションが作れる。

②現物の受渡しを伴う。

（2） 取引制度

取引期間	契約日から対象債券の受渡日までの期間は1年3ヵ月以内と決められている。この期間以内であれば、オプションの権利行使が可能な行使期間は、個別の取引ごとに取引当事者間の取り決めで自由に設定できる
売買単位	売買対象証券である債券の額面1億円（**外貨建債券の場合には、1億円相当額**）が、取引の最低売買額面金額となっている
売買価格（行使価格）	行使期間と同様、個別取引ごとに当事者間で自由に設定できる
権利行使の方法	オプションの保有者（買方）が権利行使する場合には、付与者（売方）に対して対象となっている債券の受渡日を通知することで、権利行使を行う。 行使期間内に権利行使がなされなかった場合には、オプションは失効（権利は消滅）する
相殺	転売が許されず、行使以前のオプション契約の残を流動化するには、相殺する必要がある。 また、差金決済は禁止されている

注意

「選択権付債券売買取引において、外貨建債券の最低売買単位は1億ドルである」と出題されると誤り。1億円相当額である。

9 債券の投資計算

重要

1．利付債の利回り計算

利付債券の3つの利回りである「**応募者利回り**」、「**所有期間利回り**」、「**最終利回り**」は、下記の同じ式で表すことができる。

$$r = \frac{C + \dfrac{E - S}{n}}{S} \times 100 \ (\%)$$

r ＝利回り（％）　　　　　C ＝クーポン（利率）　　　n ＝残存期間
E ＝償還価格（売却価格）　S ＝発行価格（購入価格）

- 「C（クーポン）」は、額面100円に対する1年当たりの利子収入（インカムゲイン）である。利率が2％であれば、「2」となる。
- 「E−S」は、償還差損益、又は売却損益（譲渡損益：キャピタルゲイン及びキャピタルロス）である。

これを「n（残存期間）」で除す（割る）ことにより、1年当たりの償還差損益又は譲渡損益となる。

- 「S」「E」は、3つの利回りにより、以下に置き換えることができる。

	応募者**利回り**	最終**利回り**	所有期間**利回り**
S（スタート）	**発行価格**	**購入価格**	**購入価格**
E（エンド）	償還価格（100）	償還価格（100）	売却価格

利回り計算は、最頻出である。必ず、電卓を用いて正解が導き出せるようにして欲しい。

7・債券業務

（1） 最終利回り

　債券を購入した後、**最終償還日まで所有**することを前提とした場合の利回りを、最終利回りという。最終利回りは購入価格に対して、１年当たりに換算して、どれだけの利子収入及び償還差損益が得られたかを示す。

$$最終利回り = \cfrac{利率 + \cfrac{償還価格 - 購入価格}{残存期間（年）}}{購入価格} \times 100(\%)$$

【注】通常は、小数第４位以下を切捨て、第３位まで表示する（以下、同様）。

◎演習問題◎

　利率年2.0％、残存期間５年、購入価格99.50円の利付国債の最終利回りはいくらか。（小数第４位以下を切捨ててある。）

$$\cfrac{2.0 + \cfrac{100.00 - 99.50}{5}}{99.50} \times 100 = \cfrac{2.1}{99.50} \times 100 = \underline{2.110\%}$$

（2） 応募者利回り

　新規に発行された債券（新発債）を購入した場合の最終利回りを、応募者利回りという。**新発債を購入した日から償還日まで所有**した場合に受け取れる利息と償還差益との合計が、投資元本に対して、１年当たりどれだけの利益になっているかをみるものである。

$$応募者利回り = \cfrac{利率 + \cfrac{償還価格 - 発行価格}{償還期限（年）}}{発行価格} \times 100(\%)$$

注意
利回りを求める計算問題だけでなく、各種利回りの定義を問う文章問題もあるので注意すること。

計算問題編

◎演習問題◎

利率年2.0%、償還期限10年、発行価格100.50円の利付国債の応募者利回りはいくらか。（小数第４位以下を切捨ててある。）

$$\frac{2.0+\dfrac{100.00-100.50}{10}}{100.50}\times100=\frac{1.95}{100.50}\times100=\underline{1.940\%}$$

重要

（3）　所有期間利回り

債券を購入した後、任意の期間所有して売却した場合の利回りを、所有期間利回りという。

$$所有期間利回り=\frac{利率+\dfrac{売却価格-購入価格}{所有期間（年）}}{購入価格}\times100（\%）$$

計算問題編

◎演習問題◎

利率年2.0%、10年満期の利付国債を99.50円で購入したところ、３年後に101.00円に値上がりしたので売却した。所有期間利回りはいくらか。（小数第４位以下を切捨ててある。）

$$\frac{2.0+\dfrac{101.00-99.50}{3}}{99.50}\times100=\frac{2.5}{99.50}\times100=\underline{2.512\%}$$

（4）　直接利回り（直利）

　直接利回りは、債券の投資元本に対する年間の利子収入の割合を表す収益率の指標である。つまり、キャピタルゲイン・キャピタルロス（譲渡損益）を考慮しない。直利は利子収入だけを評価する収益尺度であるため、経常的な収益を重視する機関投資家等の投資者にとっては、重要な指標である。

$$直接利回り（直利） = \frac{利率}{購入価格} \times 100（\%）$$

計算問題編

◎演習問題◎

　利率年3.0%、残存期間8年、購入価格105.60円の利付国債の直接利回りはいくらか。（小数第4位以下を切捨ててある。）

$$\frac{3.0}{105.60} \times 100 = \underline{2.840\%}$$

注意

最終利回り、応募者利回り、所有期間利回りは頻出であるが、最近では直接利回りの出題もあるので注意すること。

2．単価計算 重要

　希望する利回りから、債券単価（購入価格）を求める方法である。

$$購入価格 = \frac{償還価格 + 利率 \times 残存期間}{1 + \dfrac{利回り}{100} \times 残存期間} = \frac{100 + 利率 \times 残存期間}{100 + 利回り \times 残存期間} \times 100$$

計算問題編

◎演習問題◎

残存期間5年、利率年4.0%の利付国債を最終利回り1.5%になるように買うとすると購入価格はいくらか。（小数第4位以下を切捨ててある。）

$$\frac{100 + 4.0 \times 5}{1 + 0.015 \times 5} = \underline{111.627}円$$

又は

$$\frac{100 + 4.0 \times 5}{100 + 1.5 \times 5} \times 100 = \underline{111.627}円$$

注意

従来は一種で出題される分野であったが、最近では二種においても出題されることがある。

3. 債券売買の実務

◎店頭取引と取引所取引

公社債流通市場は、店頭市場と取引所市場との2つで構成されている。株式の売買が、主に取引所に集中されているのに対して、**公社債の流通市場**の大きな特徴は、店頭**取引の比重が圧倒的に大きい**ことである。

店頭市場では、どんな債券でも売買できるが、取引所で売買できる債券は、上場債に限られる。

店頭取引は、仕切売買であり、債券単価は、手数料相当分を含んで決められているが、取引所取引では、別枠で委託手数料を徴収される場合がある。なお、委託手数料は、各金融商品取引業者（証券会社）が独自に決めることとされている。

7・債券業務

4．経過利子

重要

> 債券の売買時に、直前の利払日の翌日から受渡日までの経過日数に応じて、買手から売手に経過利子（「経過利息」ともいう）を支払うことになっている。

　経過日数は、前回の**利払日の翌日**から**受渡日**まで数える（いわゆる片端入れ）。この経過日数を年365日で日割計算する。

　従来、経過利子を計算する際は、源泉税相当額（20.315％）を差し引くこととなっていたが、当該源泉税相当額を差し引かない取扱いとなった。

$$\text{額面（100円）当たり経過利子（A）} = \text{額面（100円）当たり年利子} \times \frac{\text{経過日数}}{365}$$

$$(A) \times \frac{\text{売買額面総額}}{100} = \text{売買額面総額の経過利子}$$

【注】Aは小数第8位以下を切り捨て、小数第7位まで算出する。

計算問題編

◎演習問題◎

　受渡日9月1日、額面100万円、利率年2.0％、利払日6月20日及び12月20日の利付国債を売却した場合、経過利子はいくらか。
（円未満を切り捨ててある。）

経過日数は、直前の利払日6月20日の翌日から
受渡日9月1日までの73日となる。
（6月：10日、7月：31日、8月：31日、9月：1日）

$$\text{額面（100円）当たり経過利子} = 2 \times \frac{73}{365} = 0.4$$

$$\text{額面100万円に対する経過利子} = 0.4 \times \frac{100万円}{100円} = \underline{4,000円}$$

売却した者は、経過利子4,000円を受け取ることができる。

■簡便法‥‥‥‥‥‥‥‥‥‥‥‥‥‥‥‥‥‥‥‥‥‥‥‥‥‥‥‥‥‥‥‥‥

　経過利子を求める問題は、ほとんどが額面100万円で出題される。そこで、まず100万円に対する１年当たりの利子を計算する。

　本問の場合、利率年２％なので２万円となる。したがって例題は、次の数式で求められる。

$$\begin{array}{l}\text{額面100万円に} \\ \text{対する経過利子}\end{array} = 20,000円 \times \dfrac{73}{365} = 4,000円$$

■経過日数について‥‥‥‥‥‥‥‥‥‥‥‥‥‥‥‥‥‥‥‥‥‥‥‥‥‥

　直前の利払日の翌日から受渡日まで数える。本問の場合、直前の利払日６月20日の翌日である６月21日から９月１日までの73日となる。

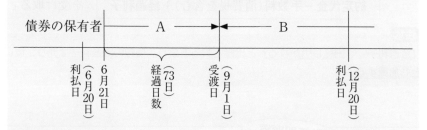

■経過利子について‥‥‥‥‥‥‥‥‥‥‥‥‥‥‥‥‥‥‥‥‥‥‥‥‥‥

　Aは、直前の利払日の翌日から受渡日までの利子を受け取ることができない。一方、Bは次回の利払日12月20日には６月21日からまるまる半年分の利子を受け取ることになる。これを調整するためにAが保有していた期間分（Bが保有していない期間分）の利子相当分をBがAに立替払いする。つまり、買手であるBが売手であるAに経過利子を支払う。

７・債券業務

5．債券の受渡代金

重要

　債券を取引所取引で購入した場合、**約定代金に手数料と経過利子を**加算した金額を支払う。債券を取引所取引で売却した場合、**約定代金から手数料が**差し引かれるが、**経過利子を**加算した金額を受け取る。

　　○債券の購入時の受渡代金

| **約定代金＋手数料**(消費税を含む)**＋経過利子** | を支払う。 |

　　○債券の売却時の受渡代金

| **約定代金－手数料**(消費税を含む)**＋経過利子** | を受け取る。 |

注意

「経過利子○○円差し引かれる」と出題されると誤り。債券の経過利子は売り、買いとも加算する。

計算問題編

◎演習問題◎

　額面100万円の長期利付国債を、取引所取引により単価103円で購入したときの受渡代金を求めなさい。

　なお、経過利子は2,400円、委託手数料は額面100円につき40銭（消費税相当額を考慮しないこと）で計算すること。

$$約定代金 = 1,000,000円 \times \frac{103円}{100円} = 1,030,000円$$

$$委託手数料 = \frac{1,000,000円}{100円} \times 0.4$$
$$= 4,000円$$

経過利子 = 2,400円

受渡代金 = 1,030,000円 + 4,000円 + 2,400円 = <u>1,036,400円</u>

したがって、1,036,400円を支払う。

なお、消費税10％を考慮した場合、1,036,800円となる。

10 債券の税金

　利付国債などの**公募公社債**を「特定公社債」といい、**特定公社債に公募公社債投資信託の受益権を加えたもの**を「特定公社債等」という。

（1）　対象となる特定公社債等

特定公社債等	特定公社債……国債、地方債、外国国債、外国地方債、公募公社債　など
	公募公社債投資信託の受益権
一般公社債等	特定公社債以外の公社債、私募公社債投資信託の受益権など

（2）　特定公社債及び公募公社債投資信託等の受益権の課税方式
◆公社債税制の見直し

利子等	○**利子所得**に分類される ○20.315％の申告分離課税 ○**確定申告不要制度**の選択可能 ○原則支払調書の提出あり ○特定口座に預入れが可能
譲渡損益・償還差損益	○**譲渡所得**に分類される ○20.315％の申告分離課税 ○譲渡損失及び償還差損は、譲渡所得及び利子所得の申告分離課税の中で損益通算可能 ※控除しきれない金額は翌年以後3年間の繰越控除可能 ○原則支払調書の提出あり ○特定口座に預入れが可能

　上場株式等に特定公社債等を加えた上場株式等のグループ内で損益通算及び繰越控除ができる。なお、非上場株式（一般株式）に私募公社債等の一般公社債を加えた一般株式等のグループ内で損益通算できるが、繰越控除は適用されない。また、上場株式等のグループと一般株式等のグループ間では損益通算できない。

（3）　一般公社債の利子

20.315％（所得税15％、復興特別所得税0.315％及び住民税５％）の税率による源泉分離課税となる。

（4）　割引債

発行時の源泉徴収は適用されず、償還時に20.315％（所得税15％、復興特別所得税0.315％及び住民税５％）の税率による**申告分離課税の対象**となる。

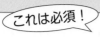

◎演習問題◎

次の文章について、正しい場合は○、正しくない場合は×にマークしなさい。

1. 特例国債は、建設国債を発行してもなお歳入不足が見込まれる場合に、公共事業費等以外の歳出に充てる資金を調達することを目的として各年度における特例公債法により発行される国債で、いわゆる赤字国債である。

2. 店頭取引に当たっては、合理的な方法で算出された時価（社内時価）を基準として、適正な価格により取引を行い、その取引の公正性を確保しなければならない。

3. ダンベル型（バーベル型）ポートフォリオとは、流動性確保のための短期債と、収益性追求のための長期債のみを保有するポートフォリオをいう。

4. 現先取引とは、一定期間後に時価で買い戻す（売り戻す）ことを、あらかじめ約束して売却する（買い付ける）取引をいう。

5. 着地取引における約定日から受渡日までの期間は、3ヵ月以上6ヵ月までである。

6. 利率2.0%、発行価格104.50円、購入価格103.00円、残存期間6年の債券の最終利回りは2.427%である。（小数第4位以下を切捨ててある）

7. 年利率3.0%、期間5年、発行単価102円の新発利付債を購入した場合の応募者利回りは2.549%である。（小数第4位以下を切捨ててある）

8. 発行価格101円、年利率1.2%、残存期間4年、購入価格103円の10年満期の利付債券の直接利回りは1.175%である。（小数第4位以下を切捨ててある）

9. 利率3.4%、残存期間1年の利付債券を、利回り1.37%となるように買おうとすれば、購入価格は102円である。（円未満を切り捨ててある）

以下は、一種の問題です。

10. 選択権付債券売買取引の最低売買額面金額は、売買対象証券である債券の場合は額面1億円、外貨建債券の場合は額面1億ドルである。

解答

・・・

1. ○

2. ○

3. ○

4. × 現先取引とは、債券等の<u>条件付売買取引</u>ともいい、<u>売買に際し同種、同量</u>
<u>の債券等を、所定期日に所定の価格で反対売買すること</u>を、あらかじめ取
<u>り決めて行う債券等の売買</u>である。

5. × <u>1ヵ月以上6ヵ月まで</u>である。

6. × $\dfrac{2 + \dfrac{100 - 103}{6}}{103} \times 100 = \underline{1.456\%}$

7. ○ $\dfrac{3.0 + \dfrac{100 - 102}{5}}{102} \times 100 = \underline{2.549\%}$

8. × $\dfrac{1.2}{103} \times 100 = \underline{1.165\%}$

9. ○ $\dfrac{100 + 利率 \times 残存期間}{100 + 利回り \times 残存期間} \times 100$

$= \dfrac{100 + 3.4 \times 1}{100 + 1.37 \times 1} \times 100 = \underline{102円}$

10. × 選択権付債券売買取引の最低売買額面金額は、国内債の場合は<u>額面1億円</u>
であるが、外貨建債券の場合は<u>1億円相当額</u>である。

第8章
CP等短期有価証券業務

CPは、割引方式で発行される有価証券で、約束手形の性格を有しています。協会員が勧誘を行わずにCPの売付け等を行う場合の規則について理解しましょう。

一種（5点）	
○×	四肢選択
1問	―

二種（5点）	
○×	四肢選択
1問	―

予想配点

1 国内CP及び短期社債

1．CPとは

CPとは、コマーシャル・ペーパーのことで、優良企業が機関投資家等から無担保で短期の資金調達を行うために、割引方式で発行される有価証券である。

なおペーパーレス化された電子CPは、「短期社債」であり、金融商品取引法では「社債券」として分類されている。

約束手形の性格も有している。

金融機関もCPの発行主体となることができる。

2．国内CP及び短期社債の売買取引等に係る勧誘等について

協会員は、国内CP及び短期社債の売買その他の取引の勧誘等を行うに当たっては、日本証券業協会の「国内CP等及び私募社債の売買取引等に係る勧誘等に関する規則」によるものとされている。

勧誘が行われる場合と、勧誘が行われない場合がある。

（1） 顧客に申込みの勧誘を行う場合

協会員が顧客に対し国内CP及び短期社債の売付けの申込み又は買付けの申込みの勧誘（以下「勧誘」という）を行うに当たっては、「発行体等に関する説明書」等を当該顧客の求めに応じて交付する等の方法により、発行者情報及び証券情報の説明に努めるものとされている。

なお、「発行体等に関する説明書」は、発行体と協会員の間で締結する買取り並びに販売に関する契約書等により定める。

重要
（2） 顧客に申込みの勧誘を行わない場合

> 協会員は、顧客に対し勧誘を行わずに国内CP及び短期社債の売付け又は売付けの媒介（委託の媒介を含む）を行う場合には、当該注文が当該顧客からの意向に基づくものである旨の記録を作成のうえ、整理、保存する等適切な管理を行わなければならない。

3．他の業務との分離等

　登録金融機関が国内CP及び短期社債の売買等の業務を行うに当たっては、金融庁の「金融商品取引業者等向けの総合的な監督指針」に留意する必要がある。

　主な留意点は、以下のとおりである。

重要

（1）　国内CP及び短期社債のディーリング業務を行う登録金融機関

　国内CP及び短期社債のディーリング業務に係る有価証券等について投資目的の売買業務等と**一体**として行ってはならない。

　また、これらの部門間で**顧客の紹介を行ってはならない。**

（2）　国内CP及び短期社債の売買等の業務を行う登録金融機関

①国内CP及び短期社債の売買等の業務に係る経理処理及び有価証券の取扱いは、他の業務に係る経理処理及び有価証券の取扱いと区分することにより、業務及び財産の状況を明らかにしなければならない。

②国内CP及び短期社債の売買等の業務において取り扱う有価証券について、以下に掲げる勘定間振替は一切行ってはならない。

ア）特定取引勘定を設置しない登録金融機関の場合は、商品有価証券勘定とそれ以外の有価証券勘定との勘定間振替

イ）特定取引勘定を設置する登録金融機関の場合は、特定取引勘定中の商品有価証券勘定とそれ以外の有価証券勘定との勘定間振替及び特定取引勘定中の商品有価証券派生商品勘定とそれ以外の有価証券派生商品勘定との勘定間振替

重要

（3）　機微情報の流出入の遮断等

　国内CP及び短期社債の売買等の業務全般（受注、売買及び受渡し）を担当する部門については、コマーシャル・ペーパー及び短期社債等の発行及び売買に関連する業務と融資業務等との間でのいわゆる機微情報の流出入の遮断等に十全を期さなければならない。

　具体的には、国内CP及び短期社債の売買等を担当する職員は、融資業務及び短期有価証券に係る投資目的の売買業務等を兼任してはならない。

2 海外CP及び海外CD

重要

　海外CP及び海外CDは、金融商品取引法上の有価証券である。

1．海外CP及び海外CDの売買取引等

　協会員は、海外CP及び海外CDの取引を行うに当たっては、日本証券業協会の「外国証券の取引に関する規則」（外国証券取引規則）によるものとされている。

2．契約の締結

　協会員は、顧客から海外CP及び海外CDの取引の注文を受ける場合には、当該顧客と外国証券の取引に関する契約を締結しなければならない。

　協会員は顧客と当該契約を締結しようとするときは、外国証券取引口座に関する約款を当該顧客に交付し、その顧客から約款に基づく取引口座の設定に係る申込みを受けなければならない。

3．約款による処理

　協会員は、顧客の注文に基づいて行う海外CP及び海外CDの売買等の執行、売買代金の決済等については、**外国証券取引口座に関する約款**に定めるところにより処理しなければならない。

4．資料の提供等

　協会員は顧客から保管の委託を受けた海外CP及び海外CDについて、発行者から交付された**通知書及び資料等**を、当該協会員に到達した日から**1年間保管**し、当該顧客の**閲覧**に供しなければならない。

◎演習問題◎

次の文章について、正しい場合は○、正しくない場合は×にマークしなさい。

1. 協会員は、顧客に対し勧誘を行わずに国内CPの売付けを行う場合には、当該注文が当該顧客の意向に基づくものである旨の記録を作成のうえ、整理、保存する等適切な管理を行わなければならない。

2. 協会員は、国内CP及び短期社債のディーリング業務に係る有価証券等について投資目的の売買業務等と一体として行われなければならない。

3. 協会員は、顧客から保管の委託を受けた海外CPについて、当該海外CPの発行者から交付された通知書及び資料等を、当該協会員に到達した日から1年間保管し、当該顧客の閲覧に供しなければならない。

4. 協会員は、海外CP及び海外CDの取引を行うに当たっては、「国内CP等及び私募社債の売買等に係る勧誘等に関する規則」によるものとされている。

解答

1. ○
2. ×　協会員は、国内CP及び短期社債のディーリング業務に係る有価証券等について投資目的の売買業務等と一体として<u>行ってはならない</u>。
3. ○
4. ×　「<u>外国証券の取引に関する規則</u>」によるものとされている。

第9章
その他の金融商品取引業務

銀行などの金融機関は、内閣総理大臣に登録することにより書面取次ぎ行為などの有価証券関連業務を行うことができます。
また、特定社債券などのSPC発行証券の募集等の取扱いを行うことができます。

一種（5点）	
○×	四肢選択
1問	―

二種（5点）	
○×	四肢選択
1問	―

予想配点

● 特定社債券等とは

「資産の流動化に関する法律」に規定する**特定社債券**、優先出資証券、特定約束手形、転換特定社債及び新優先出資引受権付特定社債は、特定目的会社（SPC：Special Purpose Company）により発行される**金融商品取引法上の有価証券**で、**資産担保型証券（ABS）**の一種である。

いわゆるSPC法により、**特定目的会社（SPC）**は、資産の保有者より譲渡された特定資産から得られる収益を償還の裏付けとして、証券を発行し、資金調達を行うことができる。

重要

登録金融機関は、これらSPC発行証券の引受け及び募集の取扱い等を行うことができる。

注意

「特別会員は、資産担保型証券（ABS）の引受け及び募集等の<u>取扱い等を行うことができない</u>」と出題されると誤り。

【特定目的会社による資産流動化のための仕組み】

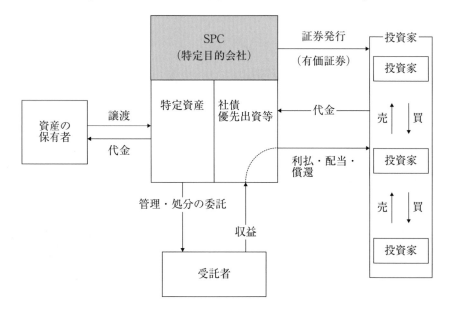

2 CARDs

1．CARDsとは

CARDs（Certificates for Amortizing Revolving Debts）とは、「金融商品取引法第二条に規定する定義に関する内閣府令」3条に定める外国貸付債権信託受益証券の一種で、海外の金融機関の貸付債権を信託した資産金融型商品である。

協会員は、CARDsの取引を行うに当たっては、以下の「**外国証券の取引に関する規則**」によるものとする。

2．契約の締結

協会員は、顧客からCARDsの取引の注文を受ける場合には、「外国証券取引口座に関する約款」を顧客に交付し、当該顧客から約款に基づく取引口座の設定に係る申込みを受けなければならない。

3．約款による処理

協会員は、顧客の注文に基づいて行うCARDsの売買等の執行、売買代金の決済等については、約款に定めるところにより処理する。

4．資料の提出等

協会員は、顧客から保管の委託を受けたCARDsについて、発行者から交付された通知書及び資料等を、当該協会員に到達した日から**3年間保管**し、当該顧客の閲覧に供しなければならない。

3 私募の取扱い

１．私募の概念

　新たに発行される有価証券の取得の申込みの勧誘であって、適格機関投資家、特定投資家や少人数の投資家を対象とするために有価証券の募集に該当しないものをいう。

　いずれも「**他の者に譲渡されるおそれが少ないもの**」の要件がある。

　私募を大別すると、以下の３種類となる。

（１）　適格機関投資家私募（プロ私募）

　適格機関投資家向けの勧誘であって、当該有価証券がその取得者から適格機関投資家以外に譲渡されるおそれが少ない場合。

（２）　特定投資家私募

　特定投資家向けの勧誘であって、当該取得勧誘（その相手方が国、日本銀行又は適格機関投資家であるものを除く）を金融商品取引業者等に委託して行うもの又は金融商品取引業者等が自己のために行うものであり、かつ、当該有価証券が特定投資家又は一定の非居住者以外の者に譲渡されるおそれが少ない場合。

重要
（３）　少人数私募

　少人数（第一項有価証券については50名未満）の一般投資家向けの勧誘の場合であって、その取得者から多数の者（50名以上）に譲渡されるおそれが少ない場合。

２．私募社債の売買取引等に係る勧誘等

（1） 私募社債の取扱い業務を行う場合

協会員は、私募社債の取扱い業務を行う場合は、顧客又は他の協会員に対し、発行体の作成する発行者情報及び証券情報を記載した資料を、**顧客又は他の協会員の求めに応じて交付する**等の方法により、発行者情報及び証券情報の説明に努めるものとされている。

（2） 顧客に申込みの勧誘を行う場合

協会員は、私募社債の売買取引等（取扱い業務に係るものを除く）を行う場合は、私募社債の発行体がその社債要項等により私募社債の保有者及び保有者に指定された購入予定者の求めに応じその者に対し当該私募社債に係る発行者情報及び証券情報を直接又は保有者を経由して提供する旨を約しているときには、顧客又は他の協会員に対し、当該情報（金融商品取引法に基づき開示が行われている情報を含む）**を記載した資料を当該顧客又は他の協会員の求めに応じて交付する**等の方法により、発行者情報及び証券情報の**説明に努める**ものとされている。

（3） 顧客に申込みの勧誘を行わない場合

協会員は、顧客に対し勧誘を行わずに私募社債の売付け又は売付けの媒介（委託の媒介を含む）を行う場合には、当該注文が当該**顧客の意向に基づくものである旨の記録を作成のうえ、整理、保存する等適切な管理**を行わなければならない。

4 有価証券関連デリバティブ取引等業務

1. 有価証券関連デリバティブ取引等

有価証券関連デリバティブ取引等とは、公共債、CP、社債、株式等の有価証券や株価指数等の有価証券指数等を原資産とするデリバティブ取引等のことである。

2. 金融機関の有価証券関連業の禁止等

銀行、協同組織金融機関その他政令で定める金融機関は、有価証券関連デリバティブ取引等を含めた有価証券関連業を行うことは禁止されている。

ただし、当該金融機関が他の法律に定めるところにより投資の目的をもって、又は信託契約に基づいて信託をする者の計算において有価証券の売買若しくは有価証券関連デリバティブ取引を行うことは可能である。

重要

銀行、協同組織金融機関その他政令で定める金融機関は、**書面取次ぎ行為**又は金商法33条2項各号に掲げる有価証券若しくは取引についての当該各号に定める行為等については**行うことができる**とされているが、そのためには、**内閣総理大臣の登録**を受けなければならない。

注意

「銀行、協同組織金融機関その他政令で定める金融機関は、書面取次ぎ行為を行うことは一切禁止されている」と出題されると誤り。内閣総理大臣の登録を受ければ書面取次ぎ行為を行うことができる。

◎演習問題◎

次の文章について、正しい場合は○、正しくない場合は×にマークしなさい。

1. 特定社債券は、金融商品取引法上の有価証券に含まれない。

2. 協会員は、CARDsの取引を行うに当たっては、外国証券の取引に関する規則によるものとされている。

3. 協会員は、顧客に対し勧誘を行わずに私募社債の売付け等を行う場合には、当該注文が当該顧客の意向に基づくものである旨の記録を作成のうえ、整理、保存する等適切な管理を行わなければならない。

4. 銀行、協同組織金融機関その他政令で定める金融機関は、書面取次ぎ行為を行うことは一切禁止されている。

解答

• •

1. ×　特定社債券は、金融商品取引法上の<u>有価証券に含まれる。</u>

2. ○

3. ○

4. ×　銀行等の金融機関は、<u>内閣総理大臣の登録を受けることにより書面取次ぎ行為を行うことができる。</u>

第10章
デリバティブ取引の概説

一種のみ

先物取引の概要、ヘッジ取引、裁定取引及びスペキュレーション取引の相違を理解しましょう。オプションのコール（買う権利）、プット（売る権利）の相違とストラドル等の投資戦略について理解しましょう。プレミアムの特性、感応度は必須です。デリバティブ取引では、店頭デリバティブ取引の概要及びリスクについて理解しましょう。

一種のみ（90点）	
○×	四肢選択
6問	6問

10-11章の予想配点

1 先物取引の概要

1．先物取引とは

先物取引とは、

- 将来のあらかじめ定められた期日（期限日）に
- 特定の商品（原資産）を、
- 取引の時点で定めた価格（約定価格）で

売買することを契約する取引である。

> **重要**　この契約により、買方は売方より期限日に原資産を約定価格で
> 購入する義務を、逆に売方は買方へ売却する義務を負うこととなる。
> 　ただし、期限日まで待たずに、反対売買（買方の場合は転売、**売方
> の場合は買戻し）を行う**ことで、先物の建玉（ポジション）を相殺し
> て契約を解消することも可能である。

2．先物取引の決済方法

（1）　反対売買

　取引最終日までに買建て（買方）の場合は転売、売建て（売方）の場合は
買戻しを行うことにより、**先物の建玉を**解消する。

（2）　最終決済

①現物受渡しの可能な商品の場合

　　買方は売方に約定金額を支払い、売方は買方に現物を受け渡す。

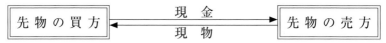

②現物受渡しのできない商品の場合

　　約定価格と最終決済価格との差額を受け渡す差金決済を行う。

◆買方：約定値＞決済値の場合

◆買方：約定値＜決済値の場合

３．先物取引の特徴
（１） 反対売買を自由に行うことができる

先物契約の買方	原資産価格が上昇すれば利益が、下落すれば損失が発生する。当初の予想に反して相場が下落したとしても、早期に反対売買（転売）を行い契約を解消すれば、損失の拡大を抑えることができる
先物契約の売方	原資産価格が下落すれば利益が、上昇すれば損失が発生する。当初の予想に反して相場が上昇したとしても、早期に反対売買（買戻し）を行い契約を解消すれば、損失の拡大を抑えることができる

（２） 先物取引は現物取引とは別に価格付けが行われる
先物市場と現物市場は別に価格付けが行われ、また、先物では限月別に価格付けが行われる。

４．先物の価格形成
（１） 金融デリバティブの価格形成
先物の価格は、理論的には現物価格に現物を所有するためにかかるコスト（キャリーコスト＝ベーシス）を加えた値段になる。

先物価格＝現物価格＋キャリーコスト

キャリーコストは具体的には、次の式で表される。

$$\left(\begin{array}{l}今、現物を取得する\\ために必要な資金額\end{array}\times\begin{array}{l}短期\\金利\end{array}\times\begin{array}{l}期日まで\\の期間\end{array}\right)-\left(\begin{array}{l}今、現物を取得するこ\\とにより得られる収入\end{array}\right)$$

「今現物を取得することにより得られる収入」とは、株式なら配当金、債券なら期間利息のことである。

配当利回りが短期金利よりも低い場合は、キャリーコストは正の値になり、配当利回りが短期金利よりも高い場合はキャリーコストは負の値になる。

重要 このため、**前者の場合は、先物価格が現物価格よりも高くなり**、これを「**先物がプレミアム**」といい、後者の場合は、**先物価格が現物価格より低くなり**、これを「**先物がディスカウント**」という。

注意
「先物価格が現物価格よりも高い状態を先物がディスカウントという」と出題されると誤り。先物がプレミアムである。

213

（2） 商品関連市場デリバティブの価格形成

　金融デリバティブ取引については、金利や配当により先物理論価格が現物価格より導かれるが、商品（コモディティ）については、保有することによるキャッシュ・フローは基本的には発生しない。

　金利以外の要因として、倉庫料などの保管コストや当該商品を他者にリースすることで享受できるリース料に加え、将来の需給環境の違いも先物価格と現物価格の差を説明する要因となり得る。

　この将来の需給環境の違いという部分は理論的に定量化・特定化することが難しく、一般的には**コンビニエンス・イールド**と呼ばれている。

　以上の点を踏まえて、コモディティ先物価格と現物価格の関係を式で表すと以下のようになる。

①リースができない商品の場合

> コモディティ先物価格＝コモディティ現物価格＋金利＋保管コスト
> 　　　　　　　　　　　－コンビニエンス・イールド

②リースが可能な商品の場合

> コモディティ先物価格＝コモディティ現物価格＋金利－リース料
> 　　　　　　　　　　　－コンビニエンス・イールド

【注】劣化しない貴金属などのリースができる商品については保管コストを負担することなしにリース料を獲得することも可能。

5．先物取引の利用方法

（1） 価格変動リスクの移転機能と市場参加者

取引の種類	先物市場参加者	取引の目的
ヘッジ取引	ヘッジャー	価格変動リスクを回避
裁定取引 （アービト ラージ取引）	アービトラージャー	先物と現物又は先物と先物の間の価格乖離をとらえて収益を狙う（サヤ取り）
スペキュレー ション取引	スペキュレーター	リスクを覚悟のうえで単に先物を売買して高い収益を狙う

重要

　先物取引の持つ価格変動リスクの移転機能は、市場での取引を通じて、**相互に逆方向のリスクを持つ**ヘッジャー**の間でリスクが移転され合う又は、**ヘッジャーからスペキュレーターにリスクが転嫁される**ことにより果たされる。

　先物市場は、ヘッジャーに対しては**リスク回避の手段**を、スペキュレーターに対しては**投機利益の獲得機会**を、アービトラージャーに対しては裁定機会が存在する場合の**裁定利益**を提供する。

10・デリバティブ取引の概説

（2） ヘッジ取引 重要

> ヘッジ取引とは、**先物市場において現物と反対のポジション**[※]を設定することによって、現物の価格変動リスクを回避しようとする取引である。
>
> 【※】ポジションとは、買建て・売建て等の未決済の状態をいう。

ヘッジ取引には、**売ヘッジと買ヘッジ**がある。

売ヘッジ	保有する現物について相場の下落が予想される場合に、先物を売り建て、予想どおり相場が下落したときは先物を買い戻して利益を得ることによって、現物の値下がりによる損失を相殺しようとする取引
買ヘッジ	将来取得する予定の現物について相場の上昇が予想される場合に、あらかじめ先物を買い建てておき、予想どおり相場が上昇したときは先物を転売して利益を得、これを現物購入資金に加えることにより、その期間中の現物価格の値上がり分をカバーしようとする取引

（3） 裁定取引（アービトラージ取引）　重要

　裁定取引とは、あるものの価格関係において、一時的に乖離が生じた場合、**割高なものを売って、同時に割安なものを買い**、後に価格差が解消したところでそれぞれ決済を行い、利益を得る取引である。

　有価証券を対象とした先物取引においては、先物と現物又は先物と先物との間の価格乖離をとらえて利益を得る取引である。

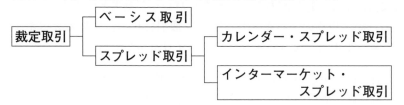

　代表的な裁定取引として、スプレッド取引とベーシス取引がある。

スプレッド取引	2つの先物の価格較差を利用してサヤをとる取引
ベーシス取引	先物と現物との価格較差を利用してサヤをとる取引

　スプレッド取引の2つの先物の価格差を**スプレッド**という。スプレッド取引とは、**スプレッドが一定水準以上に乖離した時に、割高な方を売り建て、同時に割安な方を買い建てる**取引のことをいう。

　その後、乖離が縮小し、割高・割安の状態が解消された場合にそれぞれの先物取引について決済を行い、利益を得る。

　スプレッド取引には、カレンダー・**スプレッド取引**とインターマーケット・**スプレッド取引**の2つがある。

重要 カレンダー・ スプレッド取引 （限月間スプレッド取引）	限月の異なる先物（例えば、長期国債先物6月限と同9月限）の価格差が一定の水準近辺で動くことを利用した取引で、スプレッドが拡大ないし縮小したときにポジションをとり、予想どおりスプレッドが戻った時点で、それぞれの決済を行い利益を得る
インターマーケット・ スプレッド取引	異なる商品間の先物価格差（例えば、長期国債先物と中期国債先物）を利用した取引で、乖離した価格差もやがて、一定の価格差に近づくことを前提としている

◆**国債先物取引におけるカレンダー・スプレッド取引**

カレンダー・スプレッドの買い	期近限月の買い＋期先限月の売り
カレンダー・スプレッドの売り	期近限月の売り＋期先限月の買い

（4） スペキュレーション取引 重要

> 先物の価格変動をとらえて利益を獲得することのみに着目する投機的な取引である。先物が値上がりすると判断したら買い、値下がりすると判断したら売る。このような取引は現物でも行われているが、先物取引には、少額の証拠金を預けるだけで多額の取引ができるという現物取引にはない特色がある。これをレバレッジ効果という。
>
> このため、現物のスペキュレーション取引に比べ、先物のスペキュレーション取引は、よりハイリスク・ハイリターンである。

先物取引には、少ない元手（資金）で大きな取引ができるという利点があり、先物市場は、価格の変動を積極的に利用して利益を得ようとする投機家に対して取引機会を提供する。

①順張りと逆張り

投機取引のタイプとしては「順張り」と「逆張り」に分けることができる。

順張り	相場が上昇している時にそのまま上昇すると見込んで買い、反対に下落している時にそのまま下落すると見込んで売るというような取引方法
逆張り	相場が上昇してきたからこれからは下がると見込んで売り、反対に下落しているからこれからは上がると見込んで買うというような取引方法

②ファンダメンタル分析とテクニカル分析

ファンダメンタル分析	景気動向、金融・財政政策、国際収支、物価動向、商品の需給動向等の要素を分析して、相場の行方を判断する方法
テクニカル分析	価格や出来高等の過去の相場データを様々な方法で分析し、それによって将来の相場を予測する方法

2 先渡取引の概要

1．先渡取引とは

　ある商品のある特定された数量について、将来の一定日を受渡日として現時点で定めた価格で売買することを**先渡取引**（フォワード取引）という。

2．先渡取引の特徴

> 重要 **先渡取引**は商品の種類、取引単位、満期、決済方法等の条件を、すべて売買の当事者間で任意に定めることができる相対取引（OTCデリバティブ取引）である。
>
> ※**先物取引**は諸条件がすべて標準化された**取引所取引**である。

　決済について期限日の現物受渡しが**原則**で、期限日前に契約を解消する場合には相手方との交渉が必要となる。

　ただし、いわゆる為替証拠金取引（FX）や株価指数などを対象とした証拠金取引（CFD）などの差金決済を前提とした取引も個人を中心に行われている。

3 オプション取引の概要

1．オプション取引とは

（1） オプション取引とは 重要

> オプション取引とは、
> - ある商品（**原証券・原資産**）を
> - **将来のある期日**（満期日：権利行使の期限）までに、
> - その時の市場価格に関係なく、**あらかじめ決められた特定の価格**（権利行使価格）で
>
> 「買う**権利**」、又は「売る**権利**」を売買する**取引**のことをいう。
>
> | 買う権利 | コール・オプション |
> |---|---|
> | 売る権利 | プット・オプション |
>
> 注意
> 「オプション取引において、買う権利をプット、売る権利をコールという」と出題されると誤り。入れ替えに注意すること。
>
> 各々の権利には価格が付いている。
>
> | オプション取引の権利に付けられる価格 | プレミアム |
> |---|---|
>
> オプションの**買方**は、**売方にプレミアムを支払い**、この**権利**を取得する。
>
> **売方**は、**買方からプレミアムを受取り**、買方に権利を与える。

重要

買方	買った権利を行使すると、対象とする商品を、権利行使価格で入手できる（コール・オプション）、又は、売却できる（プット・オプション）
売方	買方の**権利行使に応ずる義務**がある

権利行使のタイミングにより、以下の２タイプがある。

アメリカン・タイプ	満期日以前にいつでも権利行使可能 代表例：長期国債先物オプション
ヨーロピアン・タイプ	満期日のみ権利行使可能

注意
アメリカン・タイプとヨーロピアン・タイプの入れ替えに注意すること。

（２）　原資産価格と権利行使価格の関係

　オプションの権利行使価格は、その時々の市場価格に関係なく、あらかじめ決められる。そのため、原資産価格は、権利行使価格より高くなったり、安くなったりする。

　このような**原資産価格**と**権利行使価格**との関係は、「イン・ザ・マネー」、「アット・ザ・マネー」、「アウト・オブ・ザ・マネー」に大別される。

　なお、**権利行使したときに手に入る金額を**ペイオフという。

重要

イン・ザ・マネー	権利行使したとき、手に入る金額（**ペイオフ**）がプラスである（利益を得られる）状態のこと
アット・ザ・マネー	原資産価格と権利行使価格が等しい（権利行使したとしても、利益も損失も発生しない）状態のこと
アウト・オブ・ザ・マネー	権利行使しても何も手に入らない（損失が発生する）状態のこと

重要
原資産価格と権利行使価格の関係は、以下のとおりとなる。

	コール	プット
イン・ザ・マネー	原資産価格＞権利行使価格	原資産価格＜権利行使価格
アット・ザ・マネー	原資産価格＝権利行使価格	
アウト・オブ・ザ・マネー	原資産価格＜権利行使価格	原資産価格＞権利行使価格

（3） オプションの決済

現物決済	権利行使に係る金額を受け取り、原資産を受け渡す	
差金決済	・差額分の資金のみを授受する ・ヨーロピアン・オプション取引では、買方が期初にプレミアムを支払い、満期で売方がペイオフを支払う取引	
	買方の損益	ペイオフ － プレミアム
	売方の損益	プレミアム － ペイオフ
	ペイオフ	ゼロ又はプラスの値しかとらない（マイナス値にはならない）

（4） オプションの特徴

①リスクの限定・移転 重要

オプションの買方	見込みが外れて、権利行使を放棄せざるを得なくなっても、損失は当初プレミアムとして支払った資金に限定される。「リスクが限定される」という 利益無限定、損失限定
オプションの売方	当初プレミアムを手に入れる代わりに、将来、権利行使があった場合に応じる義務がある。つまりペイオフの支払い義務を、プレミアムを対価として引き受けていることになる 利益限定、損失無限定

②レバレッジ効果

オプション取引を行うことで少ない資金で大きなリターンをあげることができる。このことを、「レバレッジ効果がある」という。

③ヘッジ効果

オプション取引の損益が原資産価格の変動に連動して決まることから、先物と同様にオプションは、原資産価格変動リスクをヘッジする重要な手段である。

オプション取引と先物取引によるヘッジ効果の大きな違いは、先物が価格変動リスクと同時に収益機会をも消してしまうのに対して、オプションを使うことでリスク・ヘッジとリターン追求が同時に行える点である。

２．オプション・プレミアム
（１）　オプション・プレミアムの形成

◆コール・オプション・プレミアム　◆プット・オプション・プレミアム

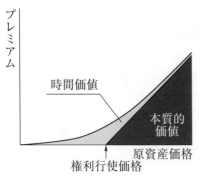 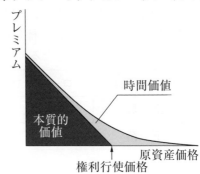

①オプション・プレミアム

> 重要　本質的価値（イントリンシック・バリュー）と時間価値
> （タイム・バリュー）の２つの部分で成り立つ。
>
> > オプション・プレミアム＝本質的価値＋時間価値

> 重要　イン・ザ・マネーの状態でのオプション・プレミアムは、本質的価値と時間価値の合計である。

②本質的価値と時間価値

本 質 的 価 値	イントリンシック・バリュー	原資産価格と権利行使価格の差額分の価値
時　間　価　値	タイム・バリュー	プレミアム全体とイントリンシック・バリューの差に当たり、満期までの長さや原資産価格の変動性の大きさ（**ボラティリティ**）、さらに金利や配当率によって決定される部分

> 重要　アット・ザ・マネーやアウト・オブ・ザ・マネーの状態では、**イントリンシック・バリュー**（本質的価値）はゼロである。

（2） オプション・プレミアムの特性

①プレミアムと**原資産価格**の関係 重要

原資産価格が上昇すれば、コールの場合は、権利行使価格を超える
可能性が高くなるためプレミアムは高くなる。
反対にプットの場合は、権利行使価格を下回る可能性が小さくなる
のでプレミアムは低くなる。

原資産価格	コール・プレミアム	プット・プレミアム
上　昇	上　昇	下　落
下　落	下　落	上　昇

②プレミアムと**権利行使価格**の関係 重要

現在の原資産価格に対して、高い権利行使価格のコールの場合、市
場価格が権利行使価格を超えてイン・ザ・マネーに入る可能性は小
さいためプレミアムは低くなる。
反対にプットは、イン・ザ・マネーに入る（市場価格が権利行使価
格を下回る）可能性が高いのでプレミアムは高くなる。

権利行使価格	コール・プレミアム	プット・プレミアム
高　い	低　い	高　い
低　い	高　い	低　い

③プレミアムと**残存期間**の関係

満期までの残存期間に対しては、コールもプットも残存期間が短くなる
ほどプレミアムも低くなる。
残存期間が短くなるほど、原資産の市場価格が権利行使価格を超えて上
昇あるいは下落する可能性が小さくなるからである。

残存期間	コール・プレミアム	プット・プレミアム
長　い	高　い	高　い
短　い	低　い	低　い

④プレミアムとボラティリティの関係 重要

コールもプットも**ボラティリティ**（価格の変動性）が上昇すれば、
そのプレミアムは上昇し、逆にボラティリティが下落すれば、プレ
ミアムも下落する。
ボラティリティが高いほど、原資産価格が権利行使価格を超えて上
昇あるいは下落する可能性が高くなるため、プレミアムは高くなる。

ボラティリティ	コール・プレミアム	プット・プレミアム
上　昇	上　昇	上　昇
下　落	下　落	下　落

（3）　プレミアムの各要因に対する感応度

①デルタ 重要

オプションのデルタ（δ）とは、**原資産価格の微小変化**（Δ原資産
価格：この時のΔは変化幅を示す）に対する**プレミアムの変化**（Δ
プレミアム）**の比**（割合）のことを指す。

$$デルタ = \frac{\Delta プレミアム}{\Delta 原資産価格}$$

コールのデルタは「0〜1」、プットのデルタは「−1〜0」の範囲で
動く。

②ガンマ 重要

オプションのガンマ（γ）とは、**原資産価格の微小変化**に対する**デ
ルタの変化の比**のことを指す。

$$ガンマ = \frac{\Delta デルタ}{\Delta 原資産価格}$$

③ベガ（カッパ）重要

オプションのベガ（v）とは、**ボラティリティの微小変化**に対する**プレミアムの変化の比**を表す指標である。

$$ベガ = \frac{\Delta プレミアム}{\Delta ボラティリティ}$$

④セータ

オプションのセータ（θ）とは、満期までの**残存期間の微小変化**に対する**プレミアムの変化の比**のことを指す。

$$セータ = -\frac{\Delta プレミアム}{\Delta 残存期間}$$

⑤ロー 重要

オプションのロー（ρ）とは、**短期金利の微小変化**に対するプレミアムの**変化の割合**のことを指す。

$$ロー = \frac{\Delta プレミアム}{\Delta 短期金利}$$

⑥オメガ 重要

オプションのオメガ（ω）とは、**原資産価格の変化率**（変化ではなく変化率で、原資産の投資収益率に当たる）に対する**プレミアムの変化率の割合**を指す。

$$オメガ = \frac{プレミアムの変化率}{原資産価格の変化率}$$

◆現物・先物・オプションの感応度特性

	コールの買い	プットの買い	先物の買い	現物の買い
デルタ	0〜1	−1〜0	ほぼ1	1
ガンマ	＋	＋	0	0
ベ　ガ	＋	＋	0	0
セータ	−	−	−	0

3．オプションの利用方法

　オプション取引の利用方法（投資戦略）にはいろいろな方法があり、複雑に見えるが、基本はコールの「買い」及び「売り」、プットの「買い」及び「売り」の4つの取引（アウトライト取引）である。この4つの取引を組み合わせることで様々な投資戦略が可能となる。

　つまり、市場価格の値動きの方向性やボラティリティの大きさなど、強気なストラテジー（戦略）に立つのか、又は逆に弱気なストラテジーに立つのか等により、「利益を多くとる」「リスクを少なくする」など様々な投資戦略を立てることができる。

◆オプション取引の4つの基本の取引

投資戦略	呼び名	市場価格の予想
コールの買い	ロング・コール	上がると予想
コールの売り	ショート・コール	やや軟化すると予想
プットの買い	ロング・プット	下がると予想
プットの売り	ショート・プット	緩やかに上昇すると予想

「買い」を「ロング」、「売り」を「ショート」という。

　次ページ以降のコールの買い、コールの売り、プットの買い、プットの売りは、オプション取引の基本中の基本である。グラフの形を確実に理解し、覚えて欲しい。

　そのほかの投資戦略は、これら4つの基本的な投資戦略の組合せである。

（1） コールの買い：**市場価格が上がる**と予想する

重要

権利行使価格100円のコールを、１円のプレミアムで買った場合

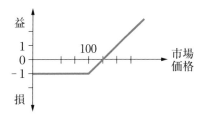

最大利益：限界なし

最大損失： −１円

損益分岐点： 101円

※	98	99	100	101	102	103
損　益	−1	−1	−1	0	1	2

※満期時の市場価格

◉市場価格が101円より上昇した場合、上昇分だけ利益増大

（最大**利益**無限定）

◉市場価格が100円から101円の場合、支払ったプレミアムの一部回収

（損失はプレミアムの一部）

◉市場価格が100円より下落した場合、支払ったプレミアムの全額損失

（**損失はプレミアム分に**限定）

（2） コールの売り：**市場価格がやや軟化する**と予想する

重要

権利行使価格100円のコールを、１円のプレミアムで売った場合

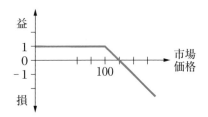

最大利益： 1円

最大損失：限界なし

損益分岐点： 101円

※	98	99	100	101	102	103
損　益	1	1	1	0	−1	−2

※満期時の市場価格

◉市場価格が101円より上昇した場合、上昇分だけ損失増大

（最大**損失**無限定）

◉市場価格が100円から101円の場合、受取ったプレミアムの範囲内から一部支払い（利益はプレミアムの一部）

◉市場価格が100円より下落した場合、受取ったプレミアムの全額利益

（**利益はプレミアム分に**限定）

（3） プットの買い：市場価格が下がると予想する

重要

権利行使価格100円のプットを、1円のプレミアムで買った場合

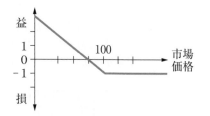

最大利益： 99円
最大損失： － 1円
損益分岐点： 99円

※	97	98	99	100	101	102
損 益	2	1	0	-1	- 1	-1

※満期時の市場価格

●市場価格が99円より下落した場合、下落分だけ利益増大
（**最大利益99円**）
　⇒最大利益は99円であるが、外務員試験では、「**利益**無限定」とされる。
●市場価格が99円から100円の場合、支払ったプレミアムの一部回収
（損失はプレミアムの一部）
●市場価格が100円より上昇した場合、支払ったプレミアムの全額損失
（**損失はプレミアム分に**限定）

（4） プットの売り：市場価格が緩やかに上昇すると予想する

重要

権利行使価格100円のプットを、1円のプレミアムで売った場合

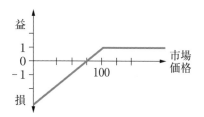

最大利益： 1円
最大損失： － 99円
損益分岐点： 99円

※	97	98	99	100	101	102
損 益	- 2	- 1	0	1	1	1

※満期時の市場価格

●市場価格が99円より下落した場合、下落分だけ損失増大
（**最大損失99円**）
　⇒最大損失は99円であるが、外務員試験では「**損失**無限定」とされる。
●市場価格が99円から100円の場合、受取ったプレミアムの範囲内から一部支払い（利益はプレミアムの一部）
●市場価格が100円より上昇した場合、受取ったプレミアムの全額利益
（**利益はプレミアム分に**限定）

（5）　ストラドルの買い：**市場価格**が大きく変動すると予想する

同じ**権利行使価格のコールとプットを組み合わせて**同量買う戦略

権利行使価格100円のコールとプットを、１円のプレミアムで買った場合

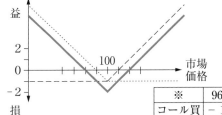

最大利益：限界なし
最大損失：　－２円
損益分岐点：98円と102円

※	96	97	98	99	100	101	102	103
コール買	− 1	− 1	− 1	− 1	− 1	0	1	2
プット買	3	2	1	0	− 1	− 1	− 1	− 1
損　益	2	1	0	− 1	− 2	− 1	0	1

※満期時の市場価格

●市場価格が上下に大きく変動した場合に利益が出る

　（最大**利益**無限定）

●市場価格が100円の場合、支払ったプレミアムの全額損失

　（**損失はプレミアム分に**限定）

●**損益分岐点**が２つある

（6）　ストラドルの売り：**市場価格**が小動きになると予想する

同じ**権利行使価格のコールとプットを組み合わせて**同量売る戦略

権利行使価格100円のコールとプットを、１円のプレミアムで売った場合

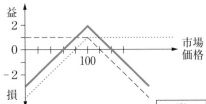

最大利益：　　　２円
最大損失：限界なし
損益分岐点：98円と102円

※	96	97	98	99	100	101	102	103
コール売	1	1	1	1	1	0	− 1	− 2
プット売	− 3	− 2	− 1	0	1	1	1	1
損　益	− 2	− 1	0	1	2	1	0	− 1

※満期時の市場価格

●市場価格が上下に大きく変動した場合に損失になる（最大**損失**無限定）

●市場価格が100円の場合、受取ったプレミアムの全額利益

　（**利益はプレミアム分に**限定）

●**損益分岐点**が２つある

（7）　ストラングルの買い：**市場価格**が大きく変動すると予想する

異なった**権利行使価格のコールとプット**を同量買う戦略

権利行使価格102円のコールと98円のプットを1円のプレミアムで買った場合

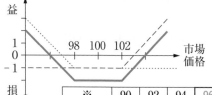

最大利益：限界なし
最大損失：　－2円
損益分岐点：96円と104円

※	90	92	94	96	98	100	102	104	106	108	110
コール買	-1	-1	-1	-1	-1	-1	-1	1	3	5	7
プット買	7	5	3	1	-1	-1	-1	-1	-1	-1	-1
損 益	6	4	2	0	-2	-2	-2	0	2	4	6

※満期時の市場価格

●市場価格が上下に大きく変動した場合に利益が出る（最大**利益**無限定）

●市場価格が98円から102円の場合、支払ったプレミアムの全額損失

　（**損失はプレミアム分に**限定）

●**損益分岐点**が2つある

（8）　ストラングルの売り：**市場価格**が小動きになると予想する

異なった**権利行使価格のコールとプット**を同量売る戦略

権利行使価格102円のコールと98円のプットを1円のプレミアムで売った場合

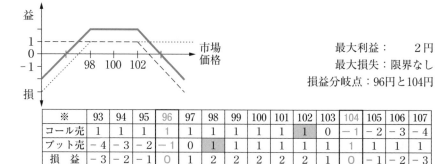

最大利益：　　2円
最大損失：限界なし
損益分岐点：96円と104円

※	93	94	95	96	97	98	99	100	101	102	103	104	105	106	107
コール売	1	1	1	1	1	1	1	1	1	1	0	-1	-2	-3	-4
プット売	-4	-3	-2	-1	0	1	1	1	1	1	1	1	1	1	1
損 益	-3	-2	-1	0	1	2	2	2	2	2	1	0	-1	-2	-3

※満期時の市場価格

●市場価格が上下に大きく変動した場合に損失になる（最大**損失**無限定）

●市場価格が98円から102円の場合、受取ったプレミアムの全額利益

　（**利益はプレミアム分に**限定）

●**損益分岐点**が2つある

（9）　バーティカル・ブル・スプレッド

①バーティカル・ブル・コール・スプレッド
　　：市場価格がやや上昇すると予想する

　　権利行使価格の高いコールを売り、権利行使価格の低いコールを同量
　買う戦略

　権利行使価格102円のコールを50銭のプレミアムで売り、100円のコールを
　1円のプレミアムで買った場合

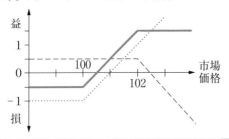

最大利益：　　　1.5円
最大損失：　　−0.5円
損益分岐点：　100.5円

※	97	97.5	98	98.5	99	99.5	100	100.5	101	101.5	102	102.5	103	103.5	104
コール売	0.5	0.5	0.5	0.5	0.5	0.5	0.5	0.5	0.5	0.5	0.5	0	−0.5	−1	−1.5
コール買	−1	−1	−1	−1	−1	−1	−1	−0.5	0	0.5	1	1.5	2	2.5	3
損益	−0.5	−0.5	−0.5	−0.5	−0.5	−0.5	−0.5	0	0.5	1	1.5	1.5	1.5	1.5	1.5

※満期時の市場価格

●市場価格が上昇した場合に利益となり（最大利益限定）、市場価格が下
　落した場合に損失になる（最大損失限定）
●市場価格が102円以上の場合、最大利益。市場価格が100円以下の場合、
　最大損失
●損益分岐点は1つである

用語解説

ブル……投資の世界で、相場が上昇すると予想する、強気な見方。
ベア……投資の世界で、相場が下落すると予想する、弱気な見方。
損益分岐点……損益がゼロとなるときの価格（ブレーク・イーブン価格とも言う）。

②バーティカル・ブル・プット・スプレッド

　　：市場価格がやや上昇すると予想する

　　権利行使価格の高いプットを売り、権利行使価格の低いプットを同量
買う戦略

権利行使価格102円のプットを２円50銭のプレミアムで売り、100円のプッ
トを１円のプレミアムで買った場合

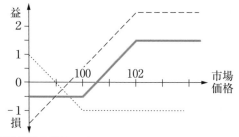

最大利益：　　　1.5円
最大損失：　　−0.5円
損益分岐点：　　100.5円

※	97	97.5	98	98.5	99	99.5	100	100.5	101	101.5	102	102.5	103	103.5	104
プット売	−2.5	−2	−1.5	−1	−0.5	0	0.5	1	1.5	2	2.5	2.5	2.5	2.5	2.5
プット買	2	1.5	1	0.5	0	−0.5	−1	−1	−1	−1	−1	−1	−1	−1	−1
損　益	−0.5	−0.5	−0.5	−0.5	−0.5	−0.5	−0.5	0	0.5	1	1.5	1.5	1.5	1.5	1.5

※満期時の市場価格

●市場価格が上昇した場合に利益となり（最大**利益**限定）、市場価格が下
　落した場合に損失になる（最大**損失**限定）

●市場価格が102円以上の場合、最大利益。市場価格が100円以下の場合、
　最大損失

●**損益分岐点**は１つである

10・デリバティブ取引の概説

(10) バーティカル・ベア・スプレッド

①バーティカル・ベア・コール・スプレッド

：市場価格がやや下落すると予想する

権利行使価格の高いコールを買い、権利行使価格の低いコールを同量売る戦略

権利行使価格100円のコールを1円のプレミアムで買い、98円のコールを2円50銭のプレミアムで売った場合

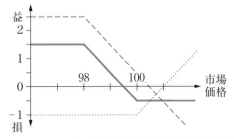

最大利益：　　 1.5円
最大損失：　 −0.5円
損益分岐点：　99.5円

※	96	96.5	97	97.5	98	98.5	99	99.5	100	100.5	101	101.5	102
コール買	−1	−1	−1	−1	−1	−1	−1	−1	−1	−0.5	0	0.5	1
コール売	2.5	2.5	2.5	2.5	2.5	2	1.5	1	0.5	0	−0.5	−1	−1.5
損　益	1.5	1.5	1.5	1.5	1.5	1.0	0.5	0	−0.5	−0.5	−0.5	−0.5	−0.5

※満期時の市場価格

◉市場価格が下落した場合に利益となり（最大利益限定）、市場価格が上昇した場合に損失になる（最大損失限定）

◉市場価格が98円以下の場合、最大利益。市場価格が100円以上の場合、最大損失

◉損益分岐点は1つである

②バーティカル・ベア・プット・スプレッド
：市場価格がやや下落すると予想する

権利行使価格の高いプットを買い、権利行使価格の低いプットを同量売る戦略

権利行使価格100円のプットを１円のプレミアムで買い、98円のプットを50銭のプレミアムで売った場合

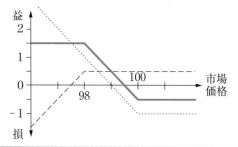

最大利益：　　　1.5円
最大損失：　　−0.5円
損益分岐点：　　99.5円

※	96	96.5	97	97.5	98	98.5	99	99.5	100	100.5	101
プット買	3	2.5	2	1.5	1	0.5	0	−0.5	−1	−1	−1
プット売	−1.5	−1	−0.5	0	0.5	0.5	0.5	0.5	0.5	0.5	0.5
損　益	1.5	1.5	1.5	1.5	1.5	1.0	0.5	0	−0.5	−0.5	−0.5

※満期時の市場価格

●市場価格が下落した場合に利益となり（最大**利益**限定）、市場価格が上昇した場合に損失になる（最大**損失**限定）
●市場価格が98円以下の場合、最大利益。市場価格が100円以上の場合、最大損失
●**損益分岐点**は１つである

重要

バーティカル・ブル・スプレッドは、市場価格が上昇すると予想するもので、コール、プット共に権利行使価格の高い方を売り、権利行使価格の低い方を買う戦略である。一方、バーティカル・ベア・スプレッドは、逆に、市場価格が下落すると予想するもので、コール、プット共に権利行使価格の高い方を買い、権利行使価格の低い方を売る戦略である。

(11)　合成先物の買い：先行き強気を予想する

　同じ**権利行使価格**、同じ**限月**で**同量の**コールの買いとプットの売りを合わせて**合成先物**を作ると、あたかも**先物の買い**ポジションを持ったかのようになる。同じ限月物で組み合わせればよいから、先物取引にない限月物の先物をオプションを用いて作ることが可能となる。

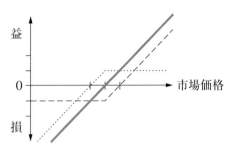

(12)　合成先物の売り：先行き弱気を予想する

　同じ権利行使価格、同じ限月で同量のコールの売りとプットの買いを組み合わせると、先物の売りと同じポジションを作ることができる。

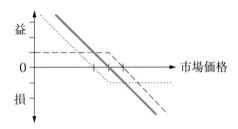

(13)　カバード・コール：市場の上値が重いと予想する

　「原資産買い持ち＋コールの売り」で作るポジションで、バイ・ライトともいう。**原資産が値下がりしても、プレミアム分を得て利回りアップを望む**投資家に用いられる。

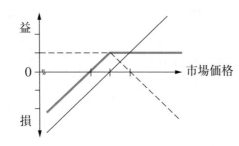

(14)　プロテクティブ・プット：目先市場は調整局面になりそうだと予想

　「原資産買い持ち＋プットの買い」で作るポジションで、**コストを支払ってもよいからダウンサイド・リスクのヘッジをしたい投資者に用いられる。**

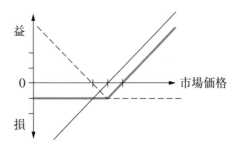

10・デリバティブ取引の概説

◆主なオプション投資戦略

オプションの投資戦略		利　益	損　失	損益線の形状	損益分岐点の数
市場価格について強気の投資戦略	コールの買い	無限定	限　定	（損益線図）	1
	バーティカル・ブル・コール・スプレッド	限　定	限　定	（損益線図）	1
	バーティカル・ブル・プット・スプレッド	限　定	限　定	（損益線図）	1
	プットの売り	限　定	無限定	（損益線図）	1
市場価格について弱気の投資戦略	プットの買い	無限定	限　定	（損益線図）	1
	バーティカル・ベア・プット・スプレッド	限　定	限　定	（損益線図）	1
	バーティカル・ベア・コール・スプレッド	限　定	限　定	（損益線図）	1
	コールの売り	限　定	無限定	（損益線図）	1
ボラティリティについて強気の投資戦略	ストラドルの買い	無限定	限　定	（損益線図）	2
	ストラングルの買い	無限定	限　定	（損益線図）	2
ボラティリティについて弱気の投資戦略	ストラドルの売り	限　定	無限定	（損益線図）	2
	ストラングルの売り	限　定	無限定	（損益線図）	2

4 スワップ取引の概要

1．スワップ取引とは

　契約の当事者である二者間で、スタート日付から満期までの一定間隔の**支払日（ペイメント日）にキャッシュ・フロー**（変動金利と固定金利など）**を交換**する取引のことであり、店頭デリバティブの中で最も一般的に扱われている。

　スワップ取引は必ずしも元本の交換を伴わないため、スワップの取引規模を**想定元本**として表示するのが一般的である。

2．ベンチマークとして用いられる金利

　店頭デリバティブで使われる、つまり、ベンチマークとして参照される金利は、2021年後半まで円やドル、ユーロのLIBORやスワップレートがほとんどであった。

◆金利の表示法

表示法	分子	分母	慣習例
Act/365	対応期間の実日数	365 （閏年は366に調整）	日本、英国の短期金利 円-円スワップレート
Act/360	対応期間の実日数	360	ユーロ円LIBOR 米国の短期金利
30/360	対応期間の月数×30 ＋月中日数の加減	360 （30/360，30E/360）	ボンド・ベース

　Actとは、「アクチュアル（Actual）」の略であり、カレンダー上の実日数を意味する。分母の数字は1年間を何日とみなしているかを表示している。これをもとに、以下の計算式で受け払いされる金額が決まる。

> （実際の）受払金額＝額面×レート（年率表示）×年数（比率）

2021年末を以ってLIBORは恒久的な公表停止となった（米国のUSドルLIBORは2023年6月末に延期）。したがって、対象となる既存のLIBOR関連のデリバティブ取引について、取引の当事者は、①LIBORフォールバックという代替金利に変更するか、②既存取引を解約し、RFR（リスクフリーレート）ベースの同様の新規取引をするかの二択を選び対応しなければならなくなった。

　なお、日本円LIBORの代替金利指標として以下の3つが候補となっている。

◆日本円LIBORの代替金利指標

	TONA複利/後決め	TORF	TIBOR[※]
金利指標が依拠するレート	TONA（無担保コールO/N物金利）	日本円OIS金利	TIBOR
テナー（金利期間）	—	1M、3M、6M	1W、1M、2M 3M、6M、12M
年率表示（day count）	Act/365	Act/365	Act/365
金利決定のタイミング	後決め	前決め	前決め
（銀行の）信用リスク	含まない	含まない	含む
システム・オペレーション負荷	高い	低い	低い

【※】東京における銀行間貸出金利であり、「タイボー」と呼ぶ。

　LIBORが「先決め」（契約時点で金利が決まっている）であるのに対し、RFRは「後決め」（金利期間最終日になるまで金利がわからない）であることから、LIBORフォールバックレートの適用は「後決め」となる。なお、日本円LIBORの代替金利指標であるTONA複利も「後決め」でる。

3．スワップ取引の特徴

　スワップ取引は、金利スワップ、通貨スワップ、クレジット・デフォルト・スワップ（CDS）及びトータル・リターン・スワップ（TRS）、エクイティ・スワップ、あるいは、保険スワップなどに分かれる。

　スワップは上場物として取引所で取引されるものではなく、相対取引（店頭物／OTC）である。

5 デリバティブ取引のリスク

市場デリバティブも店頭デリバティブも、様々な種類のリスクにさらされている。

1．リスクの分類

リスクの種類	内　　容
市場リスク	市場価格や金利や為替レートなどが予見不能な、あるいは、確率的に変動するリスク（マーケット・リスク）
信用リスク	信用力の予期しない変化に関連して、価格が確率的に変化するリスク（融資先、発行企業、カウンターパーティ・リスク）
流動性リスク	ポジションを解消する際、十分な出来高がなく取引できないリスク、潜在的にかかるアンワインド・コスト（解消するためのリスク）など
オペレーショナル・リスク	犯罪、システム・トラブル、トレーディング・ミスなどのリスク
システミック・リスク	マーケット全体の流動性の崩壊や、連鎖倒産などのリスク
複雑性リスク	時価評価でのモデル・リスク、パラメータ・リスク、規制や制度変更対応のリスク

2．マーケット（市場）リスク

「マーケット（市場）リスク」とは、**市場価格やファクター**（金利・為替レート）**の変動から生じるリスク**である。

ロングでもショートであっても、デリバティブを単体でポジションを持っている場合、市場リスクが最大のリスク要因になる。

3．信用リスク

（1） カウンターパーティ・リスク

「**カウンターパーティ**」とは、デリバティブ取引におけるその**取引の相手方**をいい、**カウンターパーティの信用リスク**のことを「カウンターパーティ・リスク」という。

市場取引	証拠金や追証（マージンコール）などの制度が整備されているため「カウンターパーティ・リスク」を**考慮する必要はほとんどない**
店頭取引	**相対取引**であるため、必然的に「カウンターパーティ・リスク」にさらされる

注意

カウンターパーティ・リスクの有無について、市場取引と店頭取引の入れ替えに注意すること。

（2） 店頭デリバティブのリスク

店頭デリバティブは、相対取引のため必然的に**相手先の**デフォルト・リスク（信用リスク）にさらされる。

取引先が評価損を負っている（当方に評価益がある）場合、取引先がデフォルトすると、評価益を実現できなくなる。

仮に、スワップ契約先がデフォルトした場合、同様の経済効果を享受するためには、同種のスワップを別の取引相手と再度締結し直さなければならず、その再構築にはコストがかかってしまう。

このような期待損失額を「**エクスポージャー（exposure）**」という。

エクスポージャーとは、特定のリスクにどの程度さらされているかを示す量を指すが、カウンターパーティ・リスクの場合では、予期される損害金（再構築コスト）を意味する。

4．流動性リスク

市場デリバティブ取引	店頭デリバティブ取引
ヨーロピアン・コールやプットといった**プレーンバニラ**（基本的）なオプションが用いられるケースが大半であり市場**流動性は店頭デリバティブに比べて**高い	顧客ニーズに沿った商品設計などオーダーメイド的な要素を含んだオプション（エキゾティック・オプション）を内包しているものが多いため、**流動性は市場デリバティブに比べて**低い

エキゾティックなデリバティブ商品は、店頭デリバティブであるケースがほとんどであるため、一般的に市場流動性はさほど大きくないと思われる。しかし、金融商品の種類によっては、例えば、プレーンバニラな金融商品（標準化された定型商品、典型的なヨーロピアン・オプションなど）については、市場デリバティブよりも店頭デリバティブの方が需要があり流動性が高いといったケースもあり得る。

5．その他のリスク

オペレーショナル・リスク	業務活動に係る包括的なリスク、すなわち、内部プロセス、人、システムが不適切であることや機能不全、又は外生的事象に起因する損失にかかわるリスク
システミック・リスク	単一の企業やグループがデフォルトを起こしたとき、あるいは特定の市場での機能不全が、市場又は金融システム全体に波及するリスク
複雑性リスク	店頭デリバティブに特徴的な、金融商品の複雑性に伴う個別的リスク

10・デリバティブ取引の概説

◎演習問題◎

次の文章について、正しい場合は○、正しくない場合は×にマークしなさい。

1. 先物価格が現物価格より高い状態を「先物がプレミアム」という。
2. ヘッジ取引とは、先物市場において現物と反対のポジションを設定することによって、現物の価格変動リスクを回避しようとする取引である。
3. カレンダー・スプレッド取引とは、異なる商品間の先物価格差を利用した取引である。
4. 裁定取引とは、あるものの価格関係において、一時的に乖離が生じた場合、割高なものを売って、同時に割安なものを買い、後に乖離が縮小し、割高・割安の状態が解消されたところでそれぞれ決済を行い、利益を取る取引である。
5. スペキュレーション取引とは、先物の価格変動をとらえて利益を獲得することのみに着目する取引である。
6. 先物取引とは、商品の種類、取引単位、満期、決済方法等の条件を、すべて売買の当事者間で任意に定めることができる相対取引である。
7. オプション取引において、買う権利のことを「プット」、売る権利のことを「コール」という。
8. オプション取引の権利行使のタイミングで、満期日のみ権利行使可能なものをアメリカン・タイプという。
9. 原資産価格が上昇すれば、コール・オプション、プット・オプション共にプレミアムは高くなる。
10. 原資産価格に対して、高い権利行使価格のコール・オプションのプレミアムは高くなり、プット・オプションのプレミアムは低くなる。
11. 残存期間が短くなるほど、コール・オプション、プット・オプション共にプレミアムは高くなる。
12. ボラティリティが上昇すれば、コール・オプションのプレミアムは高くなり、プット・オプションのプレミアムは低くなる。
13. オプションのデルタとは、原資産価格の微小変化に対するプレミアムの変化の比のことを指す。
14. オプションのオメガとは、短期金利の微小変化に対するプレミアムの変化の割合のことを指す。
15. オプションのガンマとは、ボラティリティの微小変化に対するプレミアムの変化の比を表す指標である。
16. オプションのローとは、短期金利の微少変化に対するプレミアムの変化の割合のことを指す。

17. オプションのベガとは、原資産価格の微少変化に対するデルタの変化の比のことを指す。

18. コールのデルタは0〜1、プットのデルタは−1〜0の範囲で動く。

19. バーティカル・ブル・コール・スプレッドは、市場価格がやや下落すると予想するときの投資戦略である。

20. バーティカル・ベア・スプレッドは、権利行使価格の高い方を買い、権利行使価格の低い方を売る戦略である。

解答

••

1. ○　先物価格が現物価格より低い状態を「先物がディスカウント」という。

2. ○

3. ×　カレンダー・スプレッド取引とは、<u>同一商品の先物の異なる2つの限月の取引の価格差</u>が一定の水準近辺で動くことを利用した取引である。

4. ○　2つの先物の価格差を利用してサヤを取る取引のことをスプレッド取引といい、先物と現物との価格差を利用してサヤを取る取引のことをベーシス取引という。

5. ○

6. ×　先物取引は、<u>諸条件がすべて標準化された取引所取引</u>である。問題文は、先渡取引の記述である。

7. ×　オプション取引において、<u>買う権利のことを「コール」、売る権利のことを「プット」</u>という。

8. ×　オプション取引の権利行使のタイミングで、満期日のみ権利行使可能なものを<u>ヨーロピアン・タイプ</u>、満期日以前にいつでも権利行使可能なものをアメリカン・タイプという。

9. ×　原資産価格が上昇すれば、コール・オプションのプレミアムは高くなるが、<u>プット・オプショ</u>

<u>ンのプレミアムは低くなる。</u>

10. ×　原資産価格に対して、高い権利行使価格のコール・オプションのプレミアムは低くなり、<u>プット・オプションのプレミアムは高くなる。</u>

11. ×　残存期間が短くなるほど、コール・オプション、プット・オプション共にプレミアムは<u>低くなる。</u>

12. ×　ボラティリティが上昇すれば、コール・オプション、プット・オプション共にプレミアムは<u>高くなる。</u>

13. ○

14. ×　オプションのオメガとは、<u>原資産価格の変化率に対するプレミアムの変化率の割合</u>を指す。

15. ×　オプションのガンマとは、<u>原資産価格の微小変化に対するデルタの変化の比</u>のことを指す。

16. ○

17. ×　オプションのベガとは、<u>ボラティリティの微小変化に対するプレミアムの変化の比</u>を表す指標である。

18. ○

19. ×　バーティカル・ブル・コール・スプレッドは、市場価格が<u>やや上昇すると予想する</u>ときの投資戦略である。

20. ○

246

第11章
デリバティブ取引の商品

一種のみ

先物取引では、国債先物取引の制度概要や損益及び証拠金の計算について理解しましょう。オプション取引では、コール又はプットの損益計算が必須です。店頭デリバティブ取引では、クレジット・デリバティブ、保険デリバティブをはじめ、各スワップ取引の商品性を理解しましょう。

1 市場デリバティブ取引について

1．市場デリバティブ取引について

　デリバティブ取引には、取引所において取引制度（原資産・限月など）が規定化された**市場デリバティブ取引**と、取引制度が当事者間のオーダーメイドにより自由に設定することが可能な**店頭デリバティブ取引**がある。

　市場デリバティブの取引対象には、株価指数、国債、金利などがあり、2020年7月以降、金や白金等の商品が加わった。株価指数や国債、個別の有価証券及び商品は、**大阪取引所**（以下、「**OSE**」という）で、また、金利などの取引については東京金融取引所においても取引が行われている。

2．市場デリバティブ取引の制度（OSE）

（1）　個別競争取引と立会外取引

　市場デリバティブ取引の立会市場においては、現物株式市場と同様に価格優先及び時間優先の原則に従い**個別競争売買**により取引が行われている。

　また、価格決定方式は、ザラ場方式と板寄せ方式の2種類がある。

　OSEでは、**立会外取引**（J-NET。あらかじめ取引相手を指定し、同一限月取引の売付けと買付けを同時に行う取引）も可能で、大口数量の注文や、複数銘柄を同時に取引する必要のあるストラテジー取引を、希望する値段で確実に執行させる目的などで用いられる。

（2）　呼値の刻み及び取引単位

　投資家は、取引所が商品ごとにあらかじめ定めた**呼値の刻み**（ティック）、取引単位に従って注文を行う。

商品		呼値の単位	取引単位
先物取引	国債先物（中・長期）	1銭	1億円
オプション取引	国債先物オプション	1銭	1億円

（3）　限　月

　限月とは、ある先物・オプション取引の**期**限**が満了となる月**のことである。取引所では取引される市場デリバティブ取引は、あらかじめ取引所が限月を指定して取引が行われる。例えば、限月が○○年３月といえば、○○年３月に取引が終了する先物やオプションのことである。

　例えば、「四半期限月の**３限月取引**」とは、現在を○○年４月とすれば、○○年**６月**限、**９月**限、**12月**限の**３つの限月**が上場されていて、取引できるということである。

　その他、各週で満了日を迎える週次期月取引や毎営業日ごとに期限が満了となる日（**限日**）をもつ先物取引もある。

限月＝期限の月

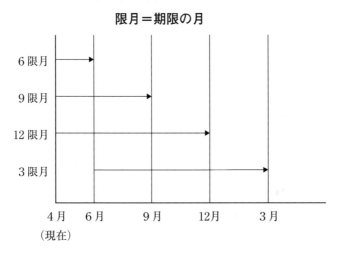

（現在）

（4）　祝日取引制度

　祝日においてもヘッジ取引機会を提供することで投資家の利便性向上を図る観点から、一部の商品を除き、祝日取引制度が導入されている。

（5）　制限値幅・取引の一時中断措置

　通常、市場デリバティブ取引では、取引所により1日の価格変動幅に一定の制限（制限値幅）が設けられている。1日の間の過度な価格の上昇や下落を防ぐことが制度の趣旨だが、これにより、相場が激変したとき等に市場参加者の混乱を抑える効果が期待されており、ひいては投資者保護にもつながるものとなっている。

> **重要**　相場加熱時に投資家に冷静な投資判断を促し、相場の乱高下を防止するため、各限月取引の中心限月取引の価格が取引所の定める変動幅（**制限値幅**）に達した場合、他の限月取引を含むすべての限月取引において**取引の一時中断措置**が実施される（サーキット・ブレーカー制度）。

（6）　ギブアップ制度

> **重要**　注文の**執行業務**とポジション・証拠金の管理といった**清算業務を異なった取引参加者に依頼することができる制度**をいう。

　顧客、注文執行参加者及び清算執行参加者の3者間でギブアップ契約を締結することにより可能となる。

　OSEの指定清算機関である日本証券クリアリング機構（以下「クリアリング機構」という）では、建玉をある参加者から別の参加者に移管する建玉移管制度が導入されている。

（7）　マーケットメイカー制度

> **重要**　取引所が指定する**マーケットメイカー**が、特定の銘柄に対して一定の条件で継続的に**売呼値**及び**買呼値**を提示することにより、投資者がいつでも取引できる環境を整える制度である。

　マーケットメイカーは気配提示を行うことにより、充足要件を満たした場合にはインセンティブを受領する。OSEでは一部の商品を除きマーケットメイカー制度が導入されている。

> **注意**
> 「ギブアップ制度」と「マーケットメイカー制度」の入れ替えに注意すること。

（8）　証拠金制度

　市場デリバティブ取引においては、決済履行を保証し取引の安全性を確保するため、証拠金制度が採用されている。

　証拠金とは、取引契約の履行を担保するために差し入れるものである。取引所に上場する先物・オプション取引では、取引を行った日の翌営業日までの取引参加者である金融商品取引業者（以下「証券会社」という）が指定する日時までに、当該証券会社に証拠金を差し入れなくてはならない（証拠金制度）。

　証拠金は、有価証券での代用が可能である。

　顧客が差し入れた証拠金は、清算参加者を通じて清算機関（OSEにおける取引の場合、指定清算機関であるクリアリング機構）へ差し入れられる。

　なお、先物取引においては、評価損益が発生した日の翌営業日に当該損益（値洗差金）の受払いを行う値洗い制度が導入されてる。

　証拠金及び値洗差金は、決済代金等の債務の履行を確保するための担保であり、万一所定の時限までに債務を履行できない場合は、通知、催告を行わず、かつ、法律上の手続きによらずに清算機関及び証券会社等の判断で債務の弁済に充当されるものである。

①証拠金所要額計算方法

　証拠金所要額とは、ポートフォリオ全体の建玉について必要とされる証拠金額である。現在、OSEの指定清算機関であるクリアリング機構は、証拠金所要額の計算にVaR（Value at Risk）方式を採用している。VaR方式はヒストリカル・シミュレーション方式（HS-VaR方式）と代替的方式（AS-VaR方式）の2つの方式があり、HS-VaR方式では、過去のマーケットデータ等を基にシナリオを作成し、これらのシナリオに応じてポートフォリオ単位の損益額を計算し、損益額のうち99％をカバーする金額を証拠金所要額とする。また、AS-VaR方式では、想定する価格変動等のパラメータをあらかじめ設定し、パラメータを基に作成したシナリオに応じてポートフォリオ単位の損益額を算出し、損失が最大となるシナリオの損失額を証拠金所要額とする。

②顧客と証券会社等の間の受払い

受入証拠金 [※1] の総額が証拠金所要額を下回っている場合は、顧客は不足額を現金又は有価証券にて証券会社等の請求に基づき、当該証券会社等に差し入れる。逆に超過の場合は引出しが可能である。

【※1】 受入証拠金は、先物取引及びオプション取引について顧客が証拠金として差し入れている金銭及び代用有価証券の額に、顧客の現金（受取り又は支払い）予定額を加減し計算する。

ただし、顧客が差し入れている金銭の額が顧客の現金支払予定額 [※2] を下回った場合は、不足額を現金にて差し入れる。

重要　証拠金の受払いは、**過不足が生じた日の翌営業日**（非居住者は翌々営業日）までの証券会社等が指定する日時までに、当該証券会社等に差し入れる（**値洗い制度**）。

【※2】 顧客の現金(受取り又は支払い)予定額とは、先物取引における計算上の損益額及び未決済の決済損益額並びにオプション取引の未決済の取引代金の合計額。

重要

証拠金不足額	代用有価証券の値下がりによる証拠金不足 ⇨	全額有価証券で代用できる
現金不足額	先物建玉の評価損による証拠金不足 ⇨	全額現金で差し入れる

③日中取引証拠金・緊急取引証拠金

市場デリバティブ取引においては、日々授受を行う通常の証拠金制度に加え、清算参加者破綻時における想定損失削減の観点から日中取引証拠金制度が、同一日のなかでの相場が大きく変動した際の決済履行を保証する観点から、緊急取引証拠金制度が導入されている。

日中取引証拠金は毎営業日の午前11時時点（長期国債先物は午前立会終了時点）にリスク額の再計算を行い、リスク額が拡大した場合において、証券会社等に日中に追加の預託を求める制度である。

緊急取引証拠金はOSEの午後1時までの立会状況において相場が異常に大きく変動し、清算機関が必要と認める場合に証券会社等が預託するものである。

自己分の日中取引証拠金所要額・緊急取引証拠金所要額の適用により取引証拠金預託額に不足が生じた場合は、それぞれ午後2時・午後4時までに預託しなければならない。

なお、両証拠金とも**有価証券による代用**が可能である。

注意

「市場デリバティブ取引における緊急取引証拠金は、必ず現金で差し入れなければならない。」と出題されると誤り。

11・デリバティブ取引の商品

2 先物取引

1. 国債先物取引

（1） 特徴と商品

　国債を取引対象とする市場デリバティブ取引においては、個々の国債銘柄を原資産とするのではなく、標準物という利率と償還期限を常に一定とする架空の債券を原資産とすることによって行われている。

　現在わが国で行われている国債先物取引は、すべてこの標準物を原資産としている。そして、期限満了の際の受渡決済では、受渡しの対象となる国債銘柄を複数定めるバスケット方式によって行われている。

◆標準物を原資産とするメリット

| ア）対象銘柄を変更する必要がない |
| イ）個別銘柄の属性に影響されない |
| ウ）価格の継続性が維持される |

（2） 決済 重要

　国債先物取引の決済方法は、以下の2つの方法がある。

| 差金決済 | 取引最終日までに反対売買により売り値と買い値の差額で決済する方法 |
| 受渡決済 | 先物の売方が手持ちの現物債を渡して（現渡し）代金の支払いを受け、買方が代金を支払うと同時に現物債を引き取る（現引き）という決済 |

　取引最終日までに反対売買により決済されなかった場合、その建玉はすべて現渡し・現引きにより決済される（ミニ取引は差金決済）。

注意
国債先物取引の決済方法には、差金決済と受渡決済の2とおりがあることを理解すること。

注意
「国債先物取引における差金決済では、約定価格の金額を受渡しする」と出題されると誤り。売り値と買い値の差額である。

重要 　取引所は、現存する国債のうち一定の条件を満たしたものを「受渡適格銘柄」として、この中から現渡し・現引きするよう定めている。

　なお、**受渡決済**においては、売方（現渡し側）が銘柄の選択権を持ち、買方（現引き側）は銘柄を指定できない。

注意
「国債先物取引の受渡決済においては、買方が銘柄の選択権を持ち、売方は銘柄を指定できない」と出題されると誤り。入れ替えに注意すること。

　国債先物取引の対象は、架空の債券（**標準物**）であるので、実際に現渡し・現引きを行う場合には、標準物と受渡適格銘柄の価値を同一にするための調整が必要になる。この調整を行う比率をコンバージョン・ファクター（**交換比率**）という。

◆国債先物取引の制度概要 重要

商品名	中期国債先物	長期国債先物	超長期国債先物(ミニ)
原資産	中期国債標準物 （償還期限5年） 利率年3％	長期国債標準物 （償還期限10年） 利率年6％	超長期国債標準物 （償還期限20年） 利率年3％
限　月	3、6、9、12月限（**3限月取引**・最長9ヵ月）		
取引単位	額面1億円		額面1千万円
受渡決済期日	各限月20日（ただし、休日に当たる時は順次繰下げ）		
取引最終日	受渡決済期日の5営業日前に終了する取引日（午後立会まで）		
新限月の 取引開始日	直近限月の取引最終日の翌営業日		
受渡適格銘柄	売方が選定		
呼値の刻み	額面100円当たりにつき1銭		
最終決済方法	受渡決済		
注文方法	指値及び成行		
差金の授受	反対売買を行った日の翌営業日		
委託手数料	顧客と証券会社との合意により決定		

　ミニ長期国債先物の取引単位は10万円に長期国債標準物の価格を乗じて得た額（額面1,000万円）、呼値の単位は額面100円当たり0.5銭となる。また、最終決済方法は、差金決済となる。

◎演習問題◎

　　現在、Aさんは長期国債現物を額面10億円保有している。長期国債現物の価格は現在108.00円、長期国債先物の価格は142.00円であるが、先行き金利が上昇し債券相場が値下がりすることが懸念されている。1ヵ月後、懸念したとおり金利は上昇、長期国債現物の価格は値下がりし104.00円、長期国債先物価格は138.00円になった。しかし、2ヵ月後には、長期国債現物価格は108.50円、長期国債先物価格は142.20円になった。この場合、Aさんが以下の投資を行った場合に、結果として最も収益をあげる投資方法を記述しているものとして、正しいものの番号を1つマークしなさい。なお、手数料、税金等は考慮しないものとする。

　　1. 直ちに保有する長期国債現物と同額面の長期国債先物を売り、2ヵ月後に長期国債先物を全額買戻し、長期国債現物も全額売却した。
　　2. 直ちに保有する長期国債現物と同額面の長期国債先物を売り、1ヵ月後に長期国債先物を全額買戻し、長期国債現物も全額売却した。
　　3. 1ヵ月後に長期国債現物と同額面の長期国債先物を売り、2ヵ月後に長期国債先物を全額買戻し、長期国債現物も全額売却した。
　　4. 1ヵ月後に長期国債現物と同額面の長期国債先物を買い、2ヵ月後に長期国債先物を全額売却し、長期国債現物も全額売却した。

	長期国債現物	長期国債先物
現在の価格	108.00円	142.00円
1ヵ月後の価格	104.00円	138.00円
2ヵ月後の価格	108.50円	142.20円

①保有している長期国債現物は、最も高い2ヵ月後の108.50円で売却すると、最も収益を獲得できる。
②長期国債先物は、最も安い1ヵ月後の138.00円で買い建て、最も高い2ヵ月後の142.20円で転売すると、最も収益を獲得できる。
③したがって、上記①及び②を組み合わせた投資を行っているのは、選択肢4である。

計算問題編

◎演習問題◎

10年長期国債（現物）を額面10億円保有している顧客が、今後の金利上昇を懸念して、同額面の長期国債先物を売り建てることにした。現在の先物価格は141.20円である。その後、先物価格が138.50円になったところで買い戻した場合の損益はいくらか。

$$(141.20円 - 138.50円) \times \frac{1億円}{100円} \times 10単位 = \underline{2,700万円}$$

<解答のポイント>
① 額面10億円ではなく10単位と表記された場合は10単位を10億円に置き換える。
② 先物の損益は「売り－買い」の値がプラスなら利益、マイナスなら損失となる。
③ ②の数値を相殺した数値×額面（10億円）÷100（損益を求める簡便法）

11・デリバティブ取引の商品

計算問題編

◎演習問題◎

現在、長期国債先物の期近限月が110.50円、期先限月が110.00円である。先行き金利水準が低下し、長・短金利差が拡大してスプレッドが拡大すると考えられるので、額面10億円のスプレッドの買いを行った。その後、予想したように債券相場は上昇し、長期国債先物の期近限月は115.70円、期先限月は114.90円となった。ここで反対売買した場合の損益はいくらか。

	期近限月	期先限月	スプレッド
開始時	買建て 110.50円	売建て 110.00円	0.50円
終了時	転 売 115.70円	買戻し 114.90円	0.80円
損 益	＋5.20円	－4.90円	

期近限月 = 115.70円 － 110.50円 = 5.20円
期先限月 = 110.00円 － 114.90円 = －4.90円

$$損益 = (5.20円 - 4.90円) \times \frac{1億円}{100円} \times 10単位 = \underline{300万円}$$

期近限月の利益と期先限月の損失を相殺することにより、300万円の利益になる。

計算問題編

◎演習問題◎

　　長期国債先物を100円で額面10億円買い建てた。対応する証拠金所要額は6,000万円と計算され、全額代用有価証券で差し入れたとする。翌日、長期国債先物の清算値段が98円50銭に下落し、代用有価証券に200万円の評価損が出た場合、差し入れる証拠金の額はいくらか。

　　なお、建玉残10単位に対する証拠金所要額は6,000万円で変わらなかったものとする。

値洗後の差入証拠金＝現金＋代用有価証券
　　　　　　　　　　＝0＋（6,000万円－200万円）
　　　　　　　　　　＝5,800万円
計算上の損益額＝（98円50銭－100円）×1億円÷100円×10単位
　　　　　　　＝▲1,500万円
先物決済損益等＝0万円
受入証拠金＝値洗後の差入証拠金＋計算上の損益額＋先物決済損益等
　　　　　＝5,800万円－1,500万円＋0
　　　　　＝4,300万円
証拠金所要額＝6,000万円
証拠金余剰・不足額＝受入証拠金－証拠金所要額
　　　　　　　　　＝4,300万円－6,000万円
　　　　　　　　　＝▲1,700万円
証拠金不足の発生により1,700万円を差し入れる必要がある。

なお、現金余剰・不足額＝差入証拠金の現金＋計算上の損益額
　　　　　　　　　　　　＋先物決済損益等
　　　　　　　　　　　＝0－1,500万円＋0
　　　　　　　　　　　＝▲1,500万円

上記より、1,500万円は現金で差し入れる必要があるが、200万円（1,700万円－1,500万円）は有価証券の代用が可能となる。

注意

先物建玉の評価損は全額現金で差し入れる必要があるが、代用有価証券の値下がり分は全額有価証券で代用できる。

２．金利先物取引
（１）　特徴と商品
　金利先物取引は金銭債権の利率に基づいて算出された金融指標等を対象とする先物取引であり、OSEのほかに東京金融取引所においても取引されている。

（２）　決　済
　金利先物取引における決済には、以下の２つの方法があり、いずれも差金決済により行われる。

反対売買	取引最終日前に反対売買し、差金の授受が行われる（転売又は買戻し）
最終決済	取引最終日の翌営業日に算出される最終清算数値により決済される

◆金利先物取引の制度概要

商品名	TONA３ヵ月金利先物
原資産	無担保コールオーバーナイト物レート（TONA）（取引対象は、100から３ヵ月間のTONA複利を差引いて得られる数値）
限月	３、６、９、12限月：直近の20限月
取引単位	250,000円×（100－３ヵ月間のTONA複利）
取引最終日	各限月の３ヵ月後の第３水曜日の前日に終了する取引日（休業日に当たる場合は、順次繰り上げる）
呼値の刻み	0.0025ポイント
最終決済方法	差金決済

3．商品先物取引

（1）　特徴と商品

　商品先物取引は金、白金等の商品を対象とする先物取引であり、貴金属のほかにもゴムや農産物を対象とする先物取引が可能である。2020年7月に商品先物オプション取引とともに東京商品取引所からOSEに移管された。

（2）　決済

　商品先物取引の決済方法は、差金決済と最終決済の2つの方法がある。

　①差金決済

　　取引最終日までに反対売買により売値と買値の差額分の金銭の授受を行い決済する方法

　②最終決済

　　実際に商品の受渡しを行う受渡決済と、金銭の授受を行う差金決済の2通りがある

受渡決済	先物の売方が商品を渡して代金の支払を受け、買方が代金を支払うと同時にその商品を受け取る
差金決済	取引最終日の翌日の原資産の始値との差額で決済する

◆主な商品先物取引の制度概要

商品名	金標準先物	金ミニ	金限日先物	銀先物
原　資　産	金地金	金標準先物の価格	金地金	銀地金
限　　　　月	2、4、6、8、10、12月限：取引開始日の属する月の翌月以降における直近6限月		1限日制	2、4、6、8、10、12月限：取引開始日の属する月の翌月以降における直近6限月
取 引 単 位	1kg	100g		30kg[※]
取 引 最 終 日	受渡日から起算して4営業日前に当たる日（日中立会まで）	金標準取引の取引最終日が終了する日の前営業日（日中立会まで）	−	受渡日から起算して4営業日前に当たる日（日中立会まで）
呼 値 の 刻 み	1g当たり1円			1g当たり10銭
最終決済方法	受渡決済	差金決済	−(日々差金決済)	受渡決済

【※】2024年4月限以前の限月取引は10kg

3 先物オプション取引

1．国債先物オプション取引

（1） 特徴と商品

　債券を対象としたオプション取引として、**長期国債先物オプション**がある。

　長期国債先物オプションは、取引最終日までの間いつでも権利行使できるアメリカン・タイプのオプションで、権利の放棄も可能である。

　権利行使すると、長期国債先物取引が成立する。

（2） 決済

　長期国債先物オプションの決済には、取引最終日前の反対売買による決済と最終決済（権利行使）の2通りの方法があるほか、権利を放棄してオプションを消滅させることもできる。

　最終決済（権利行使）では、権利行使日の取引終了時刻に長期国債先物取引**が成立**する。

　取引最終日までに反対売買によって決済されなかった**イン・ザ・マネー**の**未決済建玉**については、権利を放棄しない限り自動的に行使される（自動権利行使**制度**）。

◆**長期国債先物オプション取引の制度概要**

商品名	長期国債先物オプション
原資産	**長期国債先物**
限月	3、6、9、12月限：直近の2限月 その他の限月：最大で直近の2限月
取引単位	1契約当たり長期国債先物取引の額面1億**円**分
権利行使タイプ	アメリカン・タイプ
権利行使価格	〈新規設定〉25**銭刻みで**41**種類** その後、先物価格の変動等に応じて追加設定
呼値の単位	長期国債先物取引の額面100円につき1**銭**
取引最終日	各限月の前月の末日
最終決済方法	**長期国債先物取引が成立**

2．商品先物オプション取引

（1） 特徴と商品

商品先物オプション取引には、金先物オプションがある。

（2） 決 済

金先物オプション取引の決済方法は、取引最終日前の反対売買と最終決済（権利行使）の2つの方法がある。また、このほか、権利を放棄してオプションを消滅させることもできる。

最終決済は、オプションの清算数値（取引最終日における限月を同一とする金標準先物の日中立会始値）と権利行使価格の差額で決済される。

取引最終日までに反対売買によって決済されなかったイン・ザ・マネーの未決済建玉については、権利を放棄しない限り自動的に権利行使される。

◆金先物オプションの最終決済における計算方法

取引	差金
コール	（オプション清算数値－権利行使価格）×乗数×数量
プット	（権利行使価格－オプション清算数値）×乗数×数量

◆商品先物オプション取引の制度概要

商 品 名	金先物オプション
原 資 産	金標準先物
限 月	2、4、6、8、10、12限月： 取引開始日の属する月の翌月以降における直近6限月
取 引 単 位	100g
権利行使タイプ	ヨーロピアン・タイプ
権利行使価格の間隔・設定	（取引開始時） 取引開始日の前営業日における金標準取引の清算数値に近接する50円の整数倍の数値を中心に50円刻みで、上下20種類、合計41種類を設定 （追加設定） 毎営業日の金標準取引の清算数値に近接する50円の整数倍の数値を中心に50円刻みで連続して上下20種類となるように追加設定
取 引 最 終 日	金標準取引の取引最終日の終了する日の前営業日（日中立会まで）
最 終 決 済 方 法	差金決済

4 店頭デリバティブ取引

1．店頭デリバティブ取引について
◆日本証券業協会の自主規制の対象範囲となる店頭デリバティブ取引

> Ⅰ　有価証券関連店頭デリバティブ
> ① エクイティ・デリバティブ
> Ⅱ　特定店頭デリバティブ
> ① 金利デリバティブ ⎫ 店頭金融先物取引等及び通貨指標オプ
> ② 為替デリバティブ ⎰ ション取引に当たるものを除く。
> ③ クレジット・デリバティブ
> ④ 天候デリバティブ、災害デリバティブ　等

　なお、上記の取引のうち、いわゆるプロ同士の取引は金融商品取引業の対象外であるため、協会の自主規制の対象範囲からも除かれる。

注意

店頭デリバティブ取引は、カウンターパーティ・リスクを考慮する必要がある。

2．特定店頭デリバティブ
（1）　金利デリバティブ

　店頭デリバティブの残高合計（想定元本ベース）のうち最大（約7割）を占めているのが、金利デリバティブであり、そのうち最も基本的といえるものが金利スワップである。

①金利スワップ　重要

　「金利スワップ」とは、取引者Aと取引者Bが**同一通貨**間で変動金利と固定金利、変動金利と異種の変動金利、固定金利若しくは変動金利と一定のインデックス（参照指標）を**交換する取引**である。元本の交換は行われない。

注意

「金利スワップは、元本の交換が行われる」と出題されると誤り。元本の交換は行われない。

```
                          変動金利
┌─────────┐  ─────────────────────▶  ┌─────────┐
│ 取引者A │                          │ 取引者B │
└─────────┘  ◀─────────────────────  └─────────┘
                          固定金利
```

※**同一通貨では、固定金利同士を交換する**金利スワップは存在しない。

注意

「同一通貨で、<u>固定金利同士を交換する金利スワップも存在する</u>」と出題されると誤り。

　固定金利と変動金利を交換するスワップは最も基本的な金利スワップなので、**プレーンバニラ・スワップ**と呼ぶ。また、固定側のキャシュ・フローを固定レグ、変動側のキャシュ・フローを変動レグと呼ぶ。

　なお、LIBORというベンチマーク金利は既に廃止されたため、一定の公式で代替金利とするか（LIBORフォールバック）、リスクフリー金利（RFR）での取引に移行するかの二択となった。ただし、いずれもLIBORと異なり、「**後決め**」であることに注意が必要である。

②**オーバーナイト・インデックス・スワップ（OIS）**

　OISは金利スワップの一種であるが、LIBORスワップと異なり後決めであり、RFR（変動金利）を日次複利で累積した額を、OISレート（固定金利）を同様に累積した額と交換する。

③キャップ（Cap）

「キャップ」とは、変動金利（LIBOR等）を対象とした<u>コール・オプション取引</u>である。

正確には、各リセット日を満期とするヨーロピアン・コールをキャプレットと呼び、キャップはキャプレットの集合となる。買手は、キャップのプレミアム（オプション料）を支払うことで、LIBOR等が一定水準（ストライクレート、行使レートという）を上回った場合は、その差額を売手から受け取ることができ、これにより**金利**<u>上昇</u>**リスクのヘッジが可能**となる。

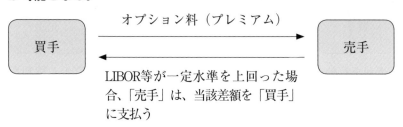

④フロア（Floor）

「フロア」は、将来の**市場金利**<u>低下</u>による保有金利資産の受取金利収入の減少に備える**ヘッジ取引**である。

重要

買手は、オプション料を支払う代わりに、LIBOR等が一定水準（ストライクレート）を下回った場合は、その差額を売手から受け取ることができ、これにより**金利**<u>下落</u>**リスクのヘッジが可能**となる。フロアは、各々の期間に対応したヨーロピアン・プット（フロアレット）の集合である。

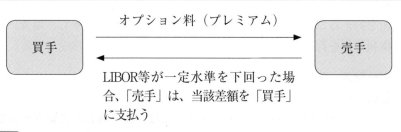

注意

「キャップ」と「フロア」の入れ替えに注意すること。

⑤**スワップション**（スワップ・オプション）

「スワップション」とは、将来スタートするスワップを行う「権利」を売買するオプション取引のことである。買手にとっては、期初にプレミアムを支払うだけで、将来の一定期間にわたり金利スワップを行う場合の固定レートなどの条件を保証する効果がある。

スワップションの種類として、対象となるスワップが、**固定受け・変動払いのタイプ**（レシーバーズ・**スワップション**）と、固定払い・変動受けのタイプ（ペイヤーズ・**スワップション**）の２種類がある。

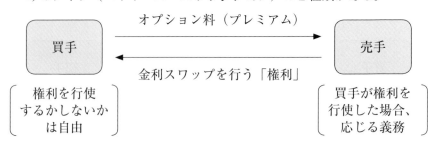

金利スワップにスワップションを組み合わせれば、中途で（スワップションの満期時点で）キャンセル可能な金利スワップ（**キャンセラブル・スワップ**）になる。

バミューダン・スワップションとは、予め定められた複数の期日で、任意に権利行使可能なスワップションである。これを組み込んで任意の期日でキャンセル可能にしたスワップを、**マルチ・コーラブル・スワップ**という。

注意

金利スワップ、キャップ、スワップションにおける「事業法人」（買手）のリスクには、取引相手方である「証券会社」（売手）の信用リスクが存在する。

事業法人には、オプション・プレミアムの支払負担が発生するが、将来市場金利が上昇した場合には、権利行使することにより、利払負担の増加を抑えることが可能となるほか、逆に市場金利が低下した場合にも、権利行使を行わないことにより、金利低下メリットを享受できる。

⑥**ベーシス・スワップ**

金利スワップのうち、変動金利同士の受け払いのスワップをベーシス・スワップといい、ベーシス・スワップには、**同一通貨間の期間が異なる変動金利の受け払いの**テナー・スワップがある。

（2） 為替デリバティブ
①通貨スワップ　重要

> 「**通貨スワップ（クロス・カレンシー・スワップ）**」とは、取引者A
> と取引者Bが、異なる通貨のキャッシュ・フロー（元本及び金利）
> をあらかじめ合意した為替レートで交換する取引である。

元本交換は契約期間の期初・期末にある（期初と期末では反対）。
また、**元本交換のない、金利の交換のみを行う場合**では、「クーポン・
スワップ」と呼ばれている。

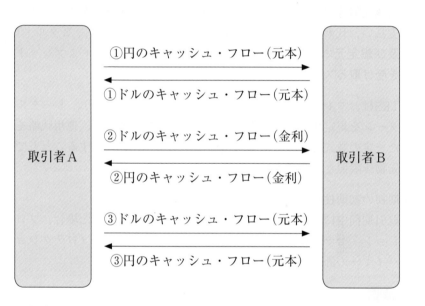

11・デリバティブ取引の商品

②為替スワップ
為替スワップ（FXスワップ）は、スポット取引と、同額でかつ逆の
フォワード取引を同時に行う取引を指す。

なお、通貨スワップと為替スワップは別物であるので注意すること。

（3）　クレジット・デリバティブ

　クレジット・デリバティブは、信用リスクを移転する金融技術として開発された。

①トータル・リターン・スワップ（TRS）

　「トータル・リターン・スワップ」は、プロテクション（保証）の買手（**プロテクション・バイヤー：保証を受ける側**）が、取引期間中、プロテクションの売手（**プロテクション・セラー：保証する側**）に買手が保有している社債等の参照資産から生ずるクーポン及び契約期間終了時に当該社債等が値上りしていれば、値上がり益（キャピタル・ゲイン）を支払い、代わりに値下りしていれば、値下がり分（キャピタル・ロス）、**及び想定元本に対して計算される短期金利**（LIBOR＋スプレッド a）**を受け取る**スワップ取引である。

　TRSは、クレジット・デリバティブ以外の応用もあり、トータル・リターンを規定する変動レグを、債券などの資産でなく、運用戦略を模した一定の数式で定義した金融指標のパフォーマンスとすることもできる。先物を参照とする場合は、短期金利は含まない。

- 期初の初期投資額及び期末の元本償還はない。
- 取引期間中に社債等（参照資産）のデフォルトが生じた場合、プロテクション・セラーは額面で当該資産を引き取ることで、プロテクション・バイヤーの評価損を補償する。

> **重要**
> - **プロテクション・バイヤー**には、**社債等を保有したまま売却した場合と同様な経済効果を得られる**メリットがある。
> - **プロテクション・セラー**は、資金の受け払いはネットで行われるので、**少ない資金負担で社債等を保有した場合と同様の経済効果が得られる**。

・社債等のクーポン
・社債等の評価益（評価損の場合、
　セラーがバイヤーに補償する）

プロテクション・バイヤー	→	プロテクション・セラー
（保証を受ける側）	← 短期金利 (LIBOR等＋スプレッド a)	（保証する側）

②**クレジット・デフォルト・スワップ（CDS）**

CDSは、クレジット・イベント（**信用事由**：端的にいえば**デフォルト**）が**発生したとき**、ペイオフが**発生する**デリバティブである。

プロテクションの買手（プロテクション・バイヤー：**信用リスクを**ヘッジする**側**）が売手（プロテクション・セラー：**信用リスクを取る側**）に定期的に固定金利（「**プレミアム**」又は「**保険料**」ともいう）を**支払い**、その見返りとして、契約期間中に参照企業に**クレジット・イベントが発生した場合**に、損失に相当する金額を**売手から受け取る取引**である。

`重要`

プレミアム・レグ	**一種の保険料のように**CDSプレミアムを支払い続けること
プロテクション・レグ	デフォルトが発生したとき、**損失を補償する**こと

`重要` **信用事由**（クレジット・イベント）の**具体的な要件は取引当事者間の双方合意で決められる**。

取引で使用されるISDAの基本契約書（英語）には、①倒産・破産（バンクラプシー）、②債務不履行（デフォルト）、③債務リストラクチャリング（金利減免、元本返済繰延等）が定義されている。

`注意`

「CDSにおいて、参照企業にクレジット・イベントが発生した場合に、損失金額にかかわらず一定額が売手から支払われる」と出題されると誤り。支払われるのは損失に相当する金額である。また、売手、買手の入れ替えに注意すること。

- 個別の債券がデフォルトしたとき、その債券が売手に引き渡されるか（現物**決済**）、あるいは差金**決済**が行われる。
- **信用事由が発生しなかった場合**は、そのまま取引が終了し、支払われたプレミアムは**掛け捨て**となる。

11・デリバティブ取引の商品

- CDSは、参照組織のデフォルト時での経済効果はTRSと同じだが、クレジット・リスクだけにかかわる取引であり、TRSよりも流動性が高い。
- **CDS**は、経済的にいえば、プレミアム（保険料）の見返りとして、損失が発生した場合にはそれに相当した金額を受け取る「参照組織の生命保険」といえる。
- CDSのプレミアムは参照企業のクレジットにより決定するが、**カウンターパーティ・リスクを考慮する**必要がある。

　ここでは、参照組織が企業であるCDSの場合を考える。プロテクション・バイヤーは、定期的にプレミアムを支払うこととなるが、代わりに参照企業の信用リスクを補償してもらえるメリットがある。

◆**参照企業にクレジット・イベントが発生しなかった**

◆**参照企業にクレジット・イベントが発生したとき**

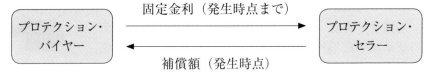

③CDO 重要

> CDOとは、証券化商品の一種であり、ローン債権や債券（社債）、あるいはCDSを多数集めてプールしたポートフォリオを**裏付け**にした担保資産として**発行される証券**のことである。

注意
「CATボンドは、ローン債権や債券等を多数集めてプールし、これを裏付けに担保資産として証券化商品にしたものである」と出題されると誤り。CDOとCATボンドの入れ替えに注意。

（4）　天候デリバティブ・災害デリバティブ（保険デリバティブ）【重要】

　保険デリバティブは、プレミアムを保険料とみなすことで、保険に近い経済効果を得られるが、保険と異なり**実損填補を目的としていないため、一定の条件が満たされれば、実際に損害が発生しなくても**損害保険会社（損保）から**決済金が**支払われる。

　そのため、異常気象等と損害の因果関係や、**損害金額に関する調査が**不要であり、利便性が高い。

①天候デリバティブ（ウェザー・デリバティブ）

　天候デリバティブは、今世紀になって取り扱われるようになったデリバティブで、金商法でも、気象の観測による成果の数値を「金融指標」とみなせることが明記されている。

　米国では、**CDD**（Cooling Degree Day）や**HDD**（Heating Degree Day）という平均気温の参照指標を利用した天候デリバティブがあるが、これは電力取引が自由化されている背景がある。

　CDDやHDDは、冷暖房による電力・エネルギー消費量に対応するので、電力価格変動のヘッジツールとなる。

CDD	日平均気温が基準温度以上の場合、日平均気温が基準温度をどれほど上回ったか
HDD	日平均気温が基準温度以下の場合、日平均気温が基準温度をどれほど下回ったか

オプション料（プレミアム）

買手　←→　損保

気象に関する指標が、あらかじめ約定した条件に合致するように変動した場合に、決済金を支払う

　天候デリバティブにおいては、気温や降雪量、降水量といった様々な参照指標が使われるが、日本で契約されている天候デリバティブの多くは、降雪日数や降雨日数を参照指標（金融指標）としたものである。

【注意】
「天候デリバティブは、保険と同様に、実際に損害が発生しなければ決済金は支払われない」と出題されると誤り。

11・デリバティブ取引の商品

【例】降雪によって来客数が減少する恐れのある小売業（衣料品）の場合

［契約内容］
- 契約目的：降雪日数が平年に比べ多い場合の売上減少のリスクのヘッジ
- 観測期間：12月1日～2月28日（3ヵ月間）
- 観測対象日：観測期間中の土曜日、日曜日、祝日（合計33日）
- 観測指標：降雪量（対象日のうち、5cm以上の降雪があった日数）（以下、降雪日数）
- ストライク値：3日
- 補償金額：1日当たり100万円
- 補償金受取総額上限：1,000万円
- ペイオフ：降雪日数がストライク値（3日）を上回る場合に、「（降雪日数－ストライク値）×補償金額（1日当たり100万円）」が補償金受取総額上限（1,000万円）を限度に支払われる。
  降雪日数がストライク値に等しいか、それを下回る場合には支払金額は0（ゼロ）である。

降雪日数が3日以下の場合　　0（ゼロ）
降雪日数が3日超13日以下の場合
　　　　　（降雪日数－3日）×100万円
降雪日数が13日超の場合　　1,000万円

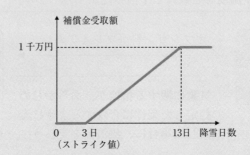

注意

天候デリバティブにおいて、降雪や降雨の日数により支払われる補償金額を求める問題が出題されることがある。

②災害デリバティブ

大規模災害（カタストロフィ）についての災害デリバティブは、数十年や数百年に１度発生する大地震など、非常にまれな事象（レア・イベント）を対象としたものである。

天候デリバティブ以上に、損害保険に近いものと思われる。

「**地震オプション**」は、地震による売上の減少や損害の発生に対するリスクヘッジ商品である。

保険と異なり、**実損塡補を目的としていないため、損害が発生しなくても一定の条件下で**決済金**が支払われる。**そのため、**地震と実損の因果関係や損害金額に関する**調査が不要**であり利便性が高いといえる。

注意

「地震オプションは、実損塡補のため、損害が発生した場合損害額に応じて契約額を限度として決済金が支払われる」と出題されると誤り。あらかじめ設定する震度以上の地震があらかじめ設定する観測点で発生した場合に、損害の有無にかかわらず決済金が支払われる。

オプションの「買手」は、「一般事業法人（中小企業も多い）」であり、オプションの「売手」は「損害保険会社」である。

天候デリバティブと同様、直接販売するケースと地銀等が媒介するケースがある。

重要　地震オプションの**買手のリスク**としては、「**決済金では実際の損害金額をカバーできないリスク**」のほか、「**取引相手である損害保険会社の**信用リスク」が存在する。

③CAT（Catastrophe）ボンドについて

CATボンドは高めのクーポンを投資家に支払う代わりに、元本毀損リスクを背負ってもらう仕組債である。

他の証券化商品のように、同質的で独立性の高い多数の資産からなるキャッシュ・フローをプールしたポートフォリオをバックアセット（裏付資産）としているわけではなく、極めて集中度の高い、分散化の困難な投資対象である。

◎演習問題◎

次の文章について、正しい場合は○、正しくない場合は×にマークしなさい。

1. 国債先物取引の受渡決済において、買方が銘柄の選択権を持つ。
2. 国債先物取引は、3限月取引である。
3. 国債先物取引の取引最終日は、受渡決済期日の5営業日前である。
4. 国債先物オプションは、満期日のみ権利行使を行うことができるヨーロピアン・タイプである。
5. 国債先物オプションは、権利行使に関して現物受渡しが行われる。
6. 金利スワップでは、元本の交換が行われない。
7. 金利デリバティブにおいて、同一通貨で、固定金利同士を交換する金利スワップが存在する。
8. 金利デリバティブにおけるキャップとは、変動金利を対象としたコール・オプション取引であり、金利下落リスクのヘッジが可能になる。
9. クレジット・デフォルト・スワップにおいて、参照企業にクレジット・イベントが発生した場合に、損失金額にかかわらず一定額が売手から支払われる。
10. クレジット・デフォルト・スワップにおいて、信用リスクをヘッジする側がプロテクションの買手になる。
11. 天候デリバティブは、保険と同様に、実際に損害が発生しなければ決済金は支払われない。
12. 地震オプションの買手のリスクとしては、「決済金では実際の損害額をカバーできないリスク」のみ存在する。
13. CATボンドとは、証券化商品の一種であり、ローン債権や債券（社債）、あるいはCDSを多数集めてプールしたポートフォリオを裏付けにした担保資産として発行される証券のことである。
14. 店頭デリバティブ取引において、クレジット・イベントの具体的な要件は当事者同士の双方合意で決められる。

解答

・・・

1．× 国債先物取引の受渡決済において、<u>売方</u>が銘柄の選択権を持つ。
2．○
3．○
4．× <u>取引最終日以前にいつでも権利行使を行うことができるアメリカン・タイプ</u>である。
5．× 権利行使では、<u>長期国債先物取引が成立する</u>。
6．○
7．× <u>同一通貨で、固定金利同士を交換する金利スワップは存在しない</u>。
8．× 金利デリバティブにおけるキャップでは、<u>金利上昇リスクのヘッジが可能</u>になる。
9．× 支払われるのは<u>損失に相当する金額</u>である。
10．○
11．× 天候デリバティブは、保険と異なり、<u>実損填補を目的としていないため、一定の条件が満たされれば、実際に損害が発生しなくても決済金が支払われる</u>。
12．× <u>「取引相手である損害保険会社の信用リスク」</u>も存在する。
13．× CATボンドとは、<u>高めのクーポンを投資者に支払う代わりに、元本毀損リスクを背負ってもらう仕組債</u>である。問題文はCDOの記述である。
14．○

索 引

●MEMO

～編者紹介～

株式会社 日本投資環境研究所（略称 J-IRIS）

（Japan Investor Relations and Investor Support, Inc.）

　1980年4月設立。みずほフィナンシャルグループ。2017年4月1日の合併に伴い、旧社名みずほ証券リサーチ＆コンサルティングより商号変更。

　コンサルティング・調査事業、教育事業（FP研修、外務員研修等）のサービス等を提供する総合調査研究機関。日本FP協会の認定教育機関として、認定研修や継続研修等も展開するほか、多くの金融機関で外務員資格取得研修等を行う。商工会議所などの公益法人などでの各種セミナー、FP関連の相談業務、レポートなどの情報も提供している。

http://www.j-iris.com/

2024〜2025　特別会員　証券外務員　学習テキスト

2024年7月1日　初版第1刷発行
2024年12月2日　初版第2刷発行

編　者　株式会社日本投資環境研究所

発行者　延　對　寺　　哲

発行所　株式会社ビジネス教育出版社

〒102-0074　東京都千代田区九段南4-7-13
TEL 03(3221)5361(代表)　FAX 03(3222)7878
E-mail:info@bks.co.jp　https://www.bks.co.jp

落丁・乱丁はお取替えします。　　　　　　　　　　印刷製本：株式会社オルツ

ISBN 978-4-8283-1082-4

◆本書は、株式会社日本投資環境研究所が作成し、株式会社ビジネス教育出版社より発行したものです。その内容等についての責は、株式会社日本投資環境研究所、株式会社ビジネス教育出版社にあるものとします。
◆本書のコピー、スキャン、デジタル化等の無断複写は、著作権法上での例外を除き禁じられています。購入者以外の第三者による本書のいかなる電子複製も一切認められておりません。